이숙영의 맛있는 대화법

대화가 · 풀리면 · 세상이 · 즐겁다

이숙영의 맛있는 대화법

| 이숙영 지음 |

Sb
smart business

 감사의 말

아나운서로 14년, 프리랜서 방송인이 된 지는 12년.

'말하기'를 직업으로 삼다 보니 말을 잘할 수 있는 비결에 대해 묻는 사람이 주변에 참 많다. 그럴 때마다 나 스스로도 '과연 말을 잘할 수 있는 방법이 뭘까'라고 자문해본다.

그래서 얻은 결론을 요약하면 '편견 없이 마음을 열고 진심을 담아 경청해서 상대방의 말에 공감해주는 것', 특히 '상대가 듣고 싶어 하는 말을 골라 메시지를 전달할 수 있는 센스'라고 생각한다. 이런 말하기 방법에 대해 나의 경험과 주변의 이야기를 사례로 들어가며 책을 써보면 어떨까 했던 것이 이 책을 쓰게 된 계기였다.

국내외로 저명한 대화 전문가들의 책도 많지만, 내 경우에는 방송 현장에서 직접 만난 유명인들의 바람직한 화법이나 다양한 분야의 사람들과 교류를 통해 깨닫게 된 내용을 이야기하는 것에 중점을 두었다. 번역된 외국의 화법책들을 읽다 보면 우리 현실과는 다소 동

떨어진 사례들이 있어서 아쉬움이 크다. 그래서 이 책에서는 우리 주변의 사례를 많이 보여주는 데 신경을 썼다.

매일 아침과 오후에 이어지는 각각 2시간 분량의 라디오 생방송, 외부 강연, 케이블 TV 녹화 등으로 책상에 진득하게 앉아 있는 시간이 절대적으로 부족했지만, 시간이 날 때마다 조금씩 조금씩 써나갔다. 그렇게 2년이라는 시간을 공들여 한 권의 책이 완성되기에 이르렀다.

2년이라는 긴 시간 동안 재촉 없이 기다려주신 스마트비즈니스의 이종록 대표와 자료 조사 등의 작업에 많은 도움을 준 부크의 박희란 팀장에게 이 지면을 빌어 진심으로 깊은 감사를 드린다.

책을 쓰면서 '말 한마디로 천 냥 빚을 갚는다' 라는 말이 진부한 옛말이 아니라는 것을 더더욱 실감하게 되었다

아무쪼록 이 책이 '말'로 인해 사회생활에서 위축되거나 손해를 본다고 느껴졌던 많은 분들에게 자신감을 회복하는 데 일조할 수 있다면 더할 나위 없는 보람을 느낄 것 같다. 아울러 개인적으로 아침방송 20주년이 되는 해에 책이 나오게 되어 훨씬 더 깊은 의미로 다가온다.

언제가 될지 모르겠지만 마이크 앞에 마지막으로 서게 될 그날뿐만 아니라 아니 숨을 쉬며 생명을 이어가는 모든 날들을 치열하게 '완전 연소' 시키는 삶을 살고 싶은 게 나의 변치 않는 바람이다.

-이숙영

차례 c o n t e n t s

Part 4

대화를
성공으로
이끌기

좋은 말은 호감을 선물한다

Part 5

대화로
상대방을
사로잡기

비즈니스와 연애는 대화가 99퍼센트다

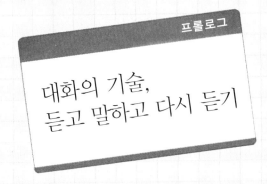

대화의 기술,
듣고 말하고 다시 듣기

미국 토크쇼의 명사회자 래리 킹이 쓴 《대화의 법칙》을 보면, 말을 잘하기 위한 가장 중요한 능력으로 '경청'을 꼽았다. 누구나 알고 있는 이야기지만 실제로 자신의 생활에서 그대로 실행하고 사는 사람은 많지 않다.

누구나 말을 잘하고 싶어 하고 '말 잘하는 사람'이라는 평가를 받고 싶어 하면서도 그렇게 되기 위한 실천에는 인색하다. 말 잘하는 것이 타고난 능력이라고 오해하는 경우도 있다.

말을 잘한다는 것은 말이 유창하다는 것이 아니라 '대화'를 잘한다는 뜻이다. 이 대화 능력은 후천적으로 충분히 기를 수 있다.

나는 말하는 직업을 갖고 있어도, 시간이 갈수록 말을 잘한다는 것이 얼마나 어려운 일인지 점점 더 느끼게 된다. 꾸밈이 많고 현혹시키는 말이 아니라 진심과 지식, 경험이 함께 어우러져 상대방의 마음을 움직일 수 있는 말을 할 정도가 된다면, 얼마나 위대한 경지겠는가.

주변 사람들을 찬찬히 관찰해보면 다른 사람에게 호감을 사는 사람들 대부분은 상대방의 말에 관심을 기울이고 긍정적인 반응을 보이는 특징을 갖고 있다. 말을 많이 하기보다는, 잘 듣고 호응해주면서 기분 좋게 응수한다. 내 말에 귀 기울여 들어주고, 웃으며 공감해주는 사람에게 누가 마음을 열지 않을 수 있을까?

직장생활이나 남녀관계에서도 마찬가지이다. 관심을 갖고 자신의 이야기를 잘 들으면서 재치 있는 답변을 하는 사람에게 누구나 호감을 느끼게 마련이다.

분명 대화를 잘 이끌어가는 능력은 굉장히 매력적이다. 물질이나 외모로 끌리는 경우는 그야말로 순간일 뿐이다. 그보다는 유머감각이 있고 대화가 잘 통하는 사람이 인기가 많다.

말을 잘하는 데는 무엇보다 상대방의 말을 잘 들어주는 것이 최고이다. 그 다음으로는 공통의 화제를 꺼내는 것, 상대방이 관심을 가질 만한 주제를 열심히 들면서 중간 중간에 "맞아!"라고 추임새를 넣는 것, 눈에 표정을 넣어 따뜻하게 응시하며 말을 가로막지 말 것 등이 있다.

대화의 핵심을 부드럽게 이어가기 위해서는 일단 머릿속에 지식이 풍부해야 한다. 신문, 책을 통해 시사상식이나 교양을 쌓는 것도 중요하다. "글을 잘 쓰려면 다독·다작·다상량이 중요하다"라고 해서, 많이 읽고 많이 써보고 많이 생각하라는 말이 있지 않은가?

말 잘하는 방법도 마찬가지다. 다양하게 읽고 사물이나 세상에 대해 깊이 생각해보는 습관이 선행되어야 말을 잘할 수 있게 된다.

그리고 자기가 던진 말은 실행하려는 노력이 필요하다. 백 마디 말보다는 행동으로 보여주는 것이 신뢰감을 높여준다.

달변가라고 해서 대화를 잘하는 것은 아니다. 다소 어눌하더라도 진실이 담겨 있어 신뢰감을 주는 사람이 대화를 잘할 가능성이 더 높을 수 있다.

나는 직업이 직업이니만큼 사석에서는 주로 듣는 편이다. 그래야만 많은 간접경험을 축적할 수 있기 때문이다.

다른 사람을 관찰하면서 한 가지 깨달은 사실이 있다. 말을 잘하는 사람들은 칭찬에 인색하지 않다는 점이다. 상대방을 인정하고 장점을 말해줌으로써 대화를 즐겁게 만들고 상대방이 자신의 이야기를 털어놓게 한다. 상대방의 입장을 존중하면서 자신의 뜻을 전달할 줄 아는 사람들이다.

말 잘하고 대화 잘하는 것은 생각처럼 어려운 일이 아니다. 꾸준한 독서와 사색, 잘 들을 줄 아는 정성, 상대방을 진심으로 대하는 마음 정도만 갖춘다면 당신도 말 잘하는 사람으로 멋지게 변모할 수 있다.

대화를 위해 입 운동을 하고 있다면 그에 앞서 마음 운동, 귀 운동

을 하라. 그러면 자연스럽게 상대방의 마음이 열릴 것이다. 그렇게
되면 당신의 이야기가 당신의 입에서 상대방의 귀와 마음속 깊은 곳
까지 울려 퍼지게 된다.

잘 듣는 것이
최고의 대화법이다

정성껏 들으면 마음이 보인다

▍듣기, 대화의 기본

대화란, 두 사람이 마주보고 이야기하는 것이다. 눈과 눈을 마주치고, 서로의 가슴을 향해 노크하는 행위이다.

세상에는 서로 다른 많은 사람이 있듯이 대화의 방법에도 사람마다 많은 차이를 보인다. 크게 '말하기'에 능숙한 사람과 '듣기'에 능숙한 사람으로 나눠보자.

'말하기'를 좋아하는 사람들끼리 만나면 굉장히 많은 이야깃거리가 쏟아진다. 이들은 자신이 꺼낸 화제에 대해 상대방의 호응과 반

응을 기대한다. 서로 이야기하고 있지만 공통분모를 찾을 수 없는 일방적인 대화이다. 그래서 대화의 끝이 순식간에 허무해질 수 있다. 많은 이야기를 나눴지만, 자신이 한 이야기만 기억에 남는다. 만남이 만남 이상의 의미를 찾기도 힘들어진다.

그렇다면 '듣기'에 능숙한 사람들끼리의 만남은 어떨까? 왠지 따분하고 심심할 것 같은가? 대답은 "노!"이다. '듣기'를 좋아하는 사람들은 상대방에게 관심을 보이면서 상대방의 의견과 사고방식을 궁금해 한다. 관찰하기도 하고 재해석하기도 한다. 그 과정을 통해 서로의 대화가 환상의 복식조를 이룬다. 이것이 바로 쌍방향 커뮤니케이션이다.

'말하기 → 듣기'의 순서가 아니라, '듣기 → 말하기'의 순서가 된다. 서로 그런 마음자세를 갖고 있으므로, 대화는 허공이 아닌 상대방의 마음에서 울려 퍼진다.

'말하기'와 '듣기' 사이에는 강약이 필요하다. 상대방이 말할 때는 들어주고 적절한 타이밍에 호응해주며, 내 이야기를 할 여지가 생겼을 때 순발력 있게 끼어들어야 한다. 한꺼번에 내 이야기를 쏟아내게 되면 상대방은 '듣기'에 지루함을 느낀다. 말이 많은 친구나 같은 말을 반복하는 상사의 이야기를 듣다가 나도 모르게 스르르 눈이 감긴 적이 있을 것이다. 혹은 지루해서 폭발 직전이 되거나.

붙임성 좋은 A는 귀엽고 사교성이 좋아서 많은 사람이 따르는 여성이다. 평소 깊은 대화는 나눠본 적이 없었는데, 마침 생방송 전 대기실에서 이야기를 할 수 있는 시간이 생겼다. 나는 내심 친해질 기회라는 생각이 들었다. 커피를 마시며 30분가량 단둘이 이야기를 나누었다. 하지만 맙소사, 나는 그 30분이 하루처럼 길게 느껴졌다. 그녀는 속사포처럼 주말에 있었던 자신의 일과를 내게 쏟아 부었다.

"제 남자 친구 말예요. 제가 해달라면 좀 해줄 수도 있는 거 아녜요? 바쁘고 피곤하다면서 내 이야기는 들은 척도 안하는 거 있죠? 얼마나 화가 나던지, 오늘 전화 한 통도 안 받았어요. 정말 이해가 안 된다니까요. 그 사람은 내가 문제라고 하는데, 도대체 자기가 변할 생각은 요만큼도 안 해요!"

남자 친구에 대한 그녀의 끊길 줄 모르는 요란한 험담은 어느덧 듬성듬성 잘린 채로 내 귀에 들어왔고, 나는 일순간 멍한 기분이 되어 하릴없이 머릿속에서 대본을 훑기도 했다. 평소 듣기에 자신 있고 듣기를 중요하게 생각하는 나였지만, 잘 알지도 못하는 누군가의 험담을 듣는 기분은 썩 유쾌하지 않았다.

그렇게 30분이 지나자 나는 그녀의 짜증과 슬픔을 다 떠안는 기분에 빠져버렸다. 그후 그녀는 그 30분이 나와 친해진 계기가 된 것 마냥 거리를 좁혀왔다. 나는 그 30분 때문에 그녀와 거리를 두게 되었는데 말이다. 결국 우리는 평소와 똑같은 간격의 관계를 유지하게 된 셈이다.

대화는 '역지사지'의 마인드를 전제로 한다.

내가 내 이야기를 하면서 느끼는 카타르시스는 상대방의 눈꺼풀

에 같은 중량의 졸음을 몰고 올 수 있음을 알아야 한다. 여기서 중요한 것은 내가 상대방에게서 느꼈던 불쾌함을 나 스스로 되풀이하지 말아야 한다는 점이다.

'말하기'를 통해 마음껏 표현하는 사람과 그렇지 않은 사람 모두 자신을 표출하고 싶은 욕구를 가지고 있다. 주말에 새로 산 스커트를 자랑하고 싶고, 내 남자 친구가 얼마나 자상한 사람인지도 말하고 싶다. 내 꿈이 얼마나 원대하며, 지금 그 꿈을 이루기 위해 남들과 다른 특별한 노력을 하는지도 표현하고 싶다.

누구나 상대방이 나를 알아주길 원한다. 스스로를 표현하고 싶은 마음은 그 정도와 방법의 차이만 있을 뿐이다. 그런 화젯거리를 이야기하면서 인간은 누구나 대화의 주도권을 자신에게 가져오고 싶은 욕망도 발동한다.

하지만 단언컨대 대화의 주도권은 말을 많이 하는 사람 쪽으로 가는 것이 아니다. 오히려 말하는 사람보다 듣는 사람 쪽이 대화에 대한 해석력이 높다. 이 대화의 핵심이 무엇인지, 결론이 무엇인지, 가장 정확한 판단은 듣는 쪽에서 나온다. 상대방을 정확하게 평가할 수도 있다. '말하기'에 집중하는 사람은 그런 기회가 오지 않는다. 적어도 자신의 말이 끝나기 전까지는.

'듣기'에 열중한 사람은 그 욕망을 배려로 절제하는 것이다. 이 배려는 서로 간에 이루어져야 가장 큰 힘을 발휘한다. 서로 상대방의 이야기에 귀를 기울여보자. '듣기' 식 대화는 꼬리에 꼬리를 물고 상대방의 마음속 더 깊은 곳으로 향해한다. 서로에 대해 누구보다 잘 알게 되고 마음이 통하게 되는 것이다.

일본의 한 술집에는 유독 남자 손님들에게 인기가 많은 여주인이 있다고 한다. 그 여주인이 손님의 말을 잘 들어주기 때문이다. 마음을 사로잡기 위해 교태를 부리거나 수다스러운 것이 아니라, 가만히 손님들의 이야기를 들어준다는 것이다.

방송계에도 내로라하는 '경청'의 달인들이 있다. 지금은 정계에서 활동하고 있는 정동영 전 앵커는 남의 말을 잘 듣고 스펀지처럼 흡수하는 사람이다. 말하자면 굿 리스너(good listener)의 표본이다. 그러한 경청의 기술은 정치성향에서도 그대로 드러나고 있는 듯하다. 정계에 진출해서도 카리스마 있게 치고 나오는 타입은 아니지만 항상 먼저 듣고 이야기하는 모습이 인상적이다.

맞장구, 호감을 부르는 마법

상대방 말에 관심을 보이고 고개를 끄덕거리며 공감을 표시하는 것, 궁금한 것에 대해서는 질문을 해주는 것, 대화의 흥을 돋우어 분위기를 화기애애하게 만드는 촉매제 역할을 하는 것 모두가 다 '맞장구'이다.

맞장구는 많은 것을 가능케 하기 때문에 대화에서 매우

중요한 요소다.

B라는 친구가 여름휴가로 서해안에 다녀왔다며 "서해안의 낙조가 대단히 인상적이었다"고 말한다. B는 모처럼 휴가지에서 느꼈던 기분을 내심 자랑하고 싶고, 친구와 그 느낌을 공유하고 싶은 마음이 간절했다. 당신은 B에게 어떤 대답을 해줄 수 있을까?

"어머 그랬니? 아무리 그래도 하와이 낙조에 비하면 아무것도 아니지. 내가 하와이에 갔을 때 말이야…."

만일 위와 같이 대답했다면 B가 갖고 있던 휴가의 감흥마저 퇴색시켜 버린다. 그런데 이렇게 엇박자로 대화를 이끌어가는 사람이 주변에 한둘은 꼭 있다. 나를 과시하고 싶고 포장하고 싶은 욕구가 분출되는 순간에 사건은 터진다. 잘 나가던 분위기를 단 한순간에 깨버리는 소방수들. 이런 소방수가 출동하면 분위기는 싸늘해지고 말을 꺼낸 사람은 더 이상 아무 말도 할 수 없게 된다. 아니, 아무 말도 하고 싶지 않게 된다. 우리는 그런 사람을 '탈(脫)무드'라고 부른다. 무드를 팍 깨는 사람!

이럴 때 가장 필요한 것이 바로 맞장구다. 맞장구는 내가 상대방의 말에 귀를 기울이고 있음을 드러내고, 둘 사이의 대화에 깊은 유대와 공감의 분위기가 형성되도록 도와준다. 맞장구를 친 다음 내가 하고 싶은 이야기를 해도 충분하다.

위 대답을 아래와 같이 바꿔보자.

"어머 그래? 진짜 좋았겠다. 나도 전에 서해안 갔을 때 낙조 보고

반해버렸거든. 음식은 어땠어? 아, 그리고 하와이도 서해안 못지않더라. 다음에 기회 되면 한번 꼭 가봐."

일단 상대방의 말에 맞장구를 쳐준 다음, 내가 하고 싶은 말을 살짝 곁들여주면 오히려 다음 대화를 위한 물꼬를 틀 수 있다. 그러면 대화는 자연스럽게 하와이에 다녀온 이야기로 넘어간다.

말을 많이 하는 직업이다 보니 주변에서 말을 잘하는 비결에 대한 질문을 많이 받는다. 그럴 때마다 내가 제일 먼저 강조하는 것이 있다. 바로 '1 : 2 : 3'의 법칙이다.

하나를 이야기했으면 둘을 듣고 셋을 맞장구치라는 뜻이다. 이것이야말로 대화 전문가들이 공통적으로 강조하는 중요한 법칙이다. 사람들이 많이 모이는 장소에서 매번 깨닫는 진리는, 자기 말을 많이 하는 사람보다는 들어주는 사람 쪽에 더 후한 점수를 주게 된다는 사실이다.

말을 독점하면 적이 많아진다. 그리고 자신도 모르는 사이 정보 유출의 가능성에 쉽게 노출된다. 말을 하는 시간이 지나치게 길어지면, 듣는 시간이 상대적으로 부족하게 되고 맞장구를 칠 여유와 기회가 사라진다. 상대방의 입장에서 볼 때, 본인이 하는 말은 모두 무시되고 쉴 틈 없는 수다를 들어주는 형국이 되어버린다.

대화를 독점하는 사람은 대체로 다른 사람의 말에 귀 기울이려는 배려가 부족하다. 사람은 자기 말을 잘 들어주는 상대방에게 호감을 갖게 마련이다. 남녀관계뿐 아니라 동성 간의 대화에서도 '나는 당

신에게 귀 기울이고 있습니다'라는 인상이 극적인 호감을 불러일으키는 것을 보면 말에 욕심이 많을 경우 인간관계에서 실패할 확률이 매우 높아진다. 건성으로 들어주는 것이 0점이라면, 들어주기만 하는 것은 50점, 맞장구를 치며 호응해주는 것은 100점이다.

나는 다른 것은 몰라도 경청하는 것에는 일가견이 있다고 생각한다. 한번은 공무원 출신으로 은퇴 후 택시 기사로 일하는 분의 차를 탄 적이 있다. 대개 보면 택시 기사들은 승객과 세상 돌아가는 이야기를 나누고 싶어 한다. 같은 차에 동석하고 있으면서 무료하게 길을 달리는 그 20~30분처럼 지루한 것이 또 있을까? 나는 택시에서 요긴한 정보를 수집할 요량으로 귀를 쫑긋 세우면서 기사에게 말의 물꼬를 열어주는 편이다.

"가족사진인가 봐요? 참 화목해 보이세요."

나의 관심에 흥겨우셨는지 곧바로 말이 이어진다. 그때 우리가 나눴던 대화는 이런 내용이었다.

"혹시, 결혼하셨어요? 결혼은 해도 후회, 안 해도 후회라고 소크라테스가 한 말 아시죠?"

"예, 했지요. 저도 그 말에 절반은 공감해요. 요즘 이혼하는 사람들도 많고 결혼을 후회하는 사람들도 많은 것 같아요. 그래서 든 생각이, 그 어렵다는 미적분도 답이 있는데 결혼해도 후회하지 않는 법을 누군가 연구해야 하는 거 아닌가 싶은 거죠. 그래서 제가 연구를 했다는 거 아닙니까. 하하!"

"호호, 참 재미있는 분이시네요."

"남자와 여자는 신체구조상 차이가 있어요. 남자는 사냥꾼 기질이 있어서 바지를 사야겠다고 생각하면 바지만 사지만, 여자는 다른 것도 이것저것 구경하지요. 바지를 사려고 왔더라도 치마를 세일하면 일단 그것부터 사고 보는 거죠. 여자들은 예로부터 밥상을 받을 때도 항상 끄트머리였어요. 그런 설움이 남아 있어서인지 일단 필요가 없어도 가격이 저렴하면 내가 먼저 가져가고 보려는 심리가 강한 것 같더라고요."

"오, 정말 그런 것 같아요. 제 경우에도요."

"그래서 나는 그런 여자의 마음을 십분 이해하고 아내를 먼저 믿어주었습니다. 나랑 살아주는 것도 감사하게 생각하죠. 남녀 간에 차이가 나는 부분은 인정하고, 내가 먼저 섬기려고 노력했지요. 그랬더니 시간이 아무리 지나도 늘 신혼처럼 살게 되더라고요."

"기사님 같은 분만 계시면 이 세상 부부들이 다 행복할 거예요."

"내가 먼저 귀하게 여기니 아내도 나를 존경하게 되더라고요. 이거 전 세계적으로 박수 받을 만한 노벨평화상감 아닙니까? 하하하!"

"정말 그러네요. 참 재치도 넘치세요."

움베르토 에코가 이야기하지 않았는가. 정보를 가장 많이 갖고 있는 사람이 바로 전 세계의 택시 기사라고.

듣기를 즐기는 사람에게는 정보가 많아진다. 정보를 갖고 있는 사람은 들어줄 준비가 되어 있는 사람에게 한없이 관대해지는 법이다.

다른 사람과의 대화가 귀찮아서 처음부터 단절시키는 사람은 정보의 접근을 어렵게 만든다. 잘 들어주면서 맞장구를 쳐주는 것만으로 한 편의 대화가 완성된다.

나는 이 택시 기사님의 이야기를 잘 기억해두었다가, 진행하는 라디오 방송의 오프닝 멘트로 활용했다.

맞장구에도 사람마다 강도가 조금씩 다르다. 말로써 해주는 사람, 웃음이나 손뼉 등의 간단한 제스처로 해주는 사람, 특유의 과격한 몸동작으로 맞장구를 쳐주는 사람 등.

미소를 짓거나 표정으로 맞장구를 치는 정도는 훌륭한 추임새가 된다. 손뼉을 치거나 간단한 스킨십은 애교로 봐줄 만하다. 하지만 도가 지나쳐 상대방을 당황하게 하는 몸짓을 취하게 되면 오히려 역효과를 낳을 수도 있다. 가령 말을 할 때 옆 사람을 손으로 때리거나 갑자기 큰 소리로 웃는 사람들이 그렇다. 맞장구에서 간단한 제스처는 센스를 발휘하는 범위 내에서 이루어져야 한다. 상대방의 말에 대한 동감 정도만 표시하는 선이 적당하다.

어떤 여성은 말을 하면서 자기도 모르게 옆 사람을 세게 친다. 이는 맞장구라기보다 자신의 감정을 강력하게 어필하는 좋지 못한 습관일 뿐이다.

'하이파이브'를 기억하자. 서로의 손바닥이 "짝!"하고 경쾌하게 맞부딪히는 것, 그것이 바로 대화의 맞장구이다.

사이를 좁혀주는 공감지수

음악과 말로 이뤄지는 라디오 방송은 뉴스나 사연소개 외에는 진행자와 게스트 사이에 주고받는 대화가 대부분이다. 진행자가 게스트와 무관한 이야기나 사담을 길게 늘어놓는다면 어떨까? 초대받은 게스트 입장에서 기분이 좋을 리가 없다. 만약 입장을 바꿔 그런 대접을 받는다면 나로서도 상당히 당황스러울 것 같다.

사실 게스트를 배려하지 않는 진행자는 기본적으로 그 자질을 의심해봐야 한다. 라디오 방송에서 진행자는 말을 주도하는 사람이 아니라 말의 길을 열어주는 사람이다. 게스트의 말에 먼저 귀 기울이고 적극적으로 동조하면서 칭찬하면, 게스트는 저절로 신명이 나게 되어 말을 주고받는 재미에 흠뻑 취한다. 라디오 진행은 게스트와 한정된 녹음실이란 공간에서 이뤄지므로 그런 분위기를 금세 알아차릴 수 있다.

'아, 이 사람이 대화에 물이 올랐구나', '정말 신이 나서 대화를 즐기고 있구나'라고 생각될 쯤 되면 진행자의 역할은 대폭 줄어든다. 이제 깔아놓은 멍석 위에서 신나게 이야기하는 게스트에게 스포트라이트를 비춰주기만 하면 되는 것이다. 이렇게 편한 분위기가 조성되면, 방송 중인 사실을 잠깐 잊고 그동안 숨겨왔던 비밀까지 털어놓는 게스트도 있다. 실제로 내가 진행하는 방송에 나왔던 한 인기가수는, 대화에 집중한 나머지 자신도 모르게 숨겨왔던 열애 사실을

털어놓기도 했다. 상대방이 열심히 들어주고 자신의 이야기에 깊게 호응을 해주다 보니, 그만 마음속 이야기가 나오고 말았던 것이다.

만약 공감지수를 탐지할 수 있는 기계장치가 있었다면, 이때 녹음실 내의 공감지수 그래프는 점점 상향곡선을 그리다가 게스트의 폭탄 발언 시점에서 최고조에 이르지 않았을까? 그 당시 게스트의 발표는 아주 자연스럽게 나온 것이다. 만약 진행자가 그 부분에 대해 집요하게 파고들거나 불쾌한 유도심문을 던졌다면 게스트는 굳게 입을 닫아버리고 말았을 것이다.

사람과 사람이 만나 분위기가 무르익고 이런저런 이야기들이 오고가다 보면 어느 순간 마음이 활짝 열리게 된다. 처음에는 허리를 곧추세우고 두 손을 모은 채 미간은 잔뜩 긴장된 채로 시작했지만, 점점 경계하고 의식했던 빗장들이 풀어지고 문이 열리게 되는 것이다. 닫혀 있는 마음의 문을 여는 것이 바로 '공감'의 마법이다.

상대방이 관심을 갖고 있는 주제로 이야기를 확대하다가 맞장구를 쳐준 다음 이야기의 매듭을 짓는 것, 그것이 내가 매일 아침 방송을 통해 하는 일이기도 하다.

매사에 심드렁하고 마음이 닫힌 사람은 결코 좋은 대화를 할 수 없다. 태도의 문제도 중요하지만, 스스로 닫힌 마음의 문을 열기 위해서는 각고의 노력이 따라야 한다. 앞에서도 말했지만 다양한 계층의 사람들과 대화를 이끌어나가기 위해 신문과 잡지, 책 등의 매체를 자주 접하는 것이 좋다. 머릿속에 흘러가는 생각들이 있어야 입으로 나오지 않겠는가? 다시 말해 '가득 차 있어야만 퍼 올릴 수 있다'는 말이다.

그렇게 하기 위해서는 듣는 이의 주파수에 자신의 주파수를 맞출 줄 아는, 공감지수가 높은 사람이 되어야 한다. 이런 사람은 여러 사람이 모인 자리일 경우 모두가 관심 가질 만한 주제를 고를 줄 아는 안목이 있다. 관심 밖의 주제를 끄집어내어 자신의 알량한 식견을 늘어놓는 사람은 공감지수가 제로(0)에 가깝다.

'나잡아 잡수' 모드로 무관심하고 심드렁한 사람도 마찬가지다. 상대방을 고려하지 않고 나만 생각하는 사람은 절대 공감지수를 높일 수 없다.

요즘 각광받고 있는 NQ(Network Quotient, 인맥지수)를 키우는 방법 중 하나가 바로 이 공감지수를 높이는 일이다. 여러 사람이 모인 자리에는 주로 말을 주도하는 리더가 반드시 한 사람은 있게 마련이다. 앞서 말했듯이 대화를 주도하는 사람에게 반드시 긍정적인 평가가 내려지는 것은 아니다.

그런데 이 '지나친 화자'와 함께 부정적인 시선을 받을 수 있는 사람이 '지나친 청자'이다. 잘 듣는 것이 대화의 우선순위이긴 하지만, 계속 묵묵부답으로 듣고만 있는 것은 더욱 당황스러운 일이다. 그런 부류의 사람들은 대화 자체를 두려워하는 경우가 많다. 소심한 성격 때문에 대화에 쉽게 참여하지 못하거나, 현재 기분이 좋지 않아 대화를 거부하는 사람이 있다면 어떻게 해야 할까?

모두가 공감하고 쉽게 참여할 수 있는 화젯거리를 주제로 삼는 게 좋다. 예를 들어보자. 모여 있는 사람들 대부분이 골프를 좋아해도 그 중 한두 명은 골프를 좋아하지 않을 수 있다. 이때 골프를 주제로 삼아 길게 이야기하는 것은 되도록 피하는 것이 좋다. 골프에 대해 관심이 없는 사람은 분명 이야기 내내 지루함과 소외감을 느낄 것이다. 모임에 온 것을 후회하며 시계만 쳐다보고 있을 수 있다.

함께 모여 있는 사람 중에 한 사람이라도 대화에서 소외되지 않도록 배려할 수 있다면 금상첨화다. 대화에 참여하는 횟수가 적은 사람에게 의도적으로 말을 걸어주는 것도 좋은 방법이다. 말을 주도하는 사람은 다른 사람을 골고루 대화에 참여시키고 전체적인 대화의 흐름을 조정하는 능력이 필요하다.

 맛있는 디저트 1

말을 잘한다는 것은 혼자 말을 많이 하는 게 아니라, 잘 듣고, 호응해주고, 배려해주는 세 가지 요소의 배합이다. 이 점은 여러 번 강조해도 될 만큼 매우 중요하다.

고개를 끄덕일수록 사이는 가까워진다

▌끄덕임, 긍정의 보디랭귀지

'소개팅에서 선택받는 여자는 어떤 여자일까?' 라는 의문에 휩싸였던 나의 20대 시절. 나는 직접 그 해답을 얻기 위해 실험을 자처했다.

'고개를 끄덕이면서 상대방에게 호응해주면 호감을 얻을 수 있다.'

어느 책에선가 읽어본 기억이 있는 이 구절이 생각났다. 나는 이 한 줄의 믿음을 가지고 소개팅 자리에서의 은밀한 실험을 감행했다. 엄밀하게 말하면 단독 소개팅은 아니고 2 대 2 미팅 장소에서였다.

도도하게 고개를 빳빳하게 들고 있던 내 친구와는 달리 나는 연신 고개를 끄덕이며 상대방 쪽으로 약간 몸을 기울여 남자들의 이야기를 들어주었다. 어떤 때는 진심으로 그들의 이야기에 관심을 드러냈고 적극적으로 대화에 열중했다. 내 친구는 나보다 얼굴도 더 예쁘고 인기도 많은 아이였지만, 새침한 모습은 내가 보기에도 아니다 싶었다. 결국 나는 당당히 두 남자 모두에게 애프터 제안을 받았다. 작전 대성공!

　그후로도 나의 이런 전술은 종종 발휘되었고, 99퍼센트가 통했다. 내가 확인한 바로는 소개팅에서 성공하는 여자들은 대개 상대방의 말에 고개를 끄덕이며 잘 들어주는 스타일이다. 여자들이여, 빳빳한 목을 자유롭게 하라. 목이 부드러운 여자가 애프터 확률이 높다.

　우리는 이 세상, 이 나라, 이 도시에서 많은 사람들과 함께 살아간다. 적게는 수십, 많게는 수백, 수천 명과 관계를 맺는다. 혈연관계이거나 어린 시절 친구라면 사정이 다르겠지만, 대부분의 경우 어색한 만남의 순간을 거쳐 발전된 관계다.

　사회에 나와서 직장생활을 할 때도 첫 만남의 순간은 자주 찾아온다. 더욱이 여기에는 이해관계가 얽혀있기 때문에 처음 만나는 사람과의 첫인상은 더욱 중요해진다. 이때 상대방을 나에게로 끌어들일 수 있는 몸짓이 있다는 사실, 믿어지는가?

　그것은 바로 '끄덕임'이다. 고개를 가볍게 연속해 위아래로 끄덕여주는 몸짓. 그 순간의 끄덕임은 상대방을 조금씩 내 앞으로, 내 마음속으로, 내 생각으로 오게 한다.

끄덕임은 상대방에게 '예스'의 메시지를 실시간으로 날린다. '좋아요. 당신 의견에 동의합니다. 우리는 참 잘 맞을 것 같군요'와 같은 긍정의 대답이다.

이 끄덕임은 부드럽고 가볍게 타이밍을 노리는 것이 중요하다. 다행스럽게도 이는 연습이 가능하다. 내가 주도적으로 말을 하고 다수의 청중이 듣고 있는 자리라면, 실전을 연습무대로 삼아도 좋다. 연설회장이나 수업시간, 회의시간 등을 이용해보자. 화자와 내가 단둘이 마주하고 있다고 생각하면서 고개를 끄덕여보는 것이다. 화자는 시간이 지날수록 고개를 끄덕여 긍정해주는 나에게 주목하기 시작할 것이다.

실제로 내가 강연을 할 때 내 말에 고개를 끄덕여주고 눈을 반짝이면서 듣는 사람이 있으면 정신이 번쩍 난다. 더 분발해서 열정적으로 해야겠다는 힘도 얻는다.

고개를 효과적으로 끄덕이는 방법에는 남녀 사이에 차이가 있다. 남성은 머리의 뒷부분에 힘을 주고 턱을 강하게 당겨 힘차게 한 번 끄덕이는 것이 좋다. 여성의 경우 턱을 약간 앞으로 내밀고 두세 번 고개를 움직이는 것이 좋다. 남성의 몸짓이 단호하고 신뢰에 찬 특징을 갖는다면, 여성의 몸짓은 부드러우면서도 사려 깊은 이미지를 줄 수 있다. 굳이 남녀 구분을 지으려는 것이 아니라, 여성의 강점을 극대화하는 것이 긍정적인 어필에 효과적이라는 것이다. 이런 식으

로 연습을 한 다음, 사적인 자리에서 이야기를 들을 때 활용해보자. 당신은 온화하고 마음 씀씀이가 깊은 여성이라는 이미지를 만들어 갈 수 있다. 이런 습관은 비즈니스에서나 기타 인간관계에서도 유사한 평가를 받게 할 것이다.

고개를 끄덕이는 행위는 상대방에게 나의 긍정적인 반응을 전달하는 수단이다. 상대방의 입장에서는 그 끄덕임에 내심 안심하게 된다.

끄덕임은 때로 대화를 적극적으로 이끌기도 한다. 간단한 비유로 잡지 등에 실리는 심리 테스트를 떠올려보자. 심리 테스트는 보통 '예스'나 '노' 중 한 가지의 답을 선택하게 되어 있다. 지문에 동의하면 '예스'이고, 동의하지 않으면 '노'를 따라가면 된다.

대화도 마찬가지다. 활짝 펼쳐놓으면 중간 중간에 수많은 '예스'와 '노'의 깃발들이 꽂혀 있음을 알 수 있다. 한 쪽의 이야기에 '예스'의 몸짓을 날리면 대화는 순항하고, '노'의 몸짓을 날리면 대화는 한참을 돌아간다. 타협의 시간만큼 지연된다. 대화에서 '예스'의 제스처는 단순한 모션이 아니다. 그것은 대화를 조종하고 있는 보이지 않는 힘이며, 성공적인 대화를 위한 몸의 화술이다. 그래서 보디 랭귀지는 또 하나의 훌륭한 언어가 된다. 실제로 많은 언어학자들이 언어적 커뮤니케이션 못지않게 비(非)언어적 커뮤니케이션의 중요성을 강조하고 있다.

웃음도 중요한 긍정의 몸짓이다. 고개를 끄덕이며 웃음을 지어보

라. 유쾌하고 기분 좋은 긍정의 표현이 된다. '내 생각과 다른데도 무조건 고개를 끄덕일 수는 없다'라고 생각할지 모르겠다. 하지만 나는 토론이나 협상, 설득을 말하고 있는 게 아니다.

시간과 장소를 약속하고 갖는 미팅의 경우 이미 어느 정도 대화의 내용은 서로 파악하고 있을 가능성이 높다. 그 대화를 성공과 실패로 양분하는 핵심적인 요소는 바로 인간적인 신뢰와 감동이다. 말로써 유인하는 것이 아니라 말로써 감동시키는 것이 대화의 가장 큰 힘이자 마법이다.

▎눈을 마주치고 진심으로 끄덕이자

대화를 잘하는 사람이 된다는 것은, 상대방이 먼저 자연스럽게 여러 이야기를 해올 수 있는 인품을 갖추었음을 의미한다. 말하는 것보다 듣고 있는 태도의 문제라는 뜻이다.

호감을 불러오는 보디랭귀지에는, 고개를 끄덕이는 것과 함께 눈을 마주치는 것이 있다. 첫 만남에서 단순히 인사만 건네는 것이 아니라, 상대방의 눈에 도장을 찍자. 중간에도 부담스럽지 않을 정도로 눈을 가볍게 마주치며 눈빛을 교환하는 것이 좋다.

상대방과 눈빛을 교환하는 짧은 신호는 당신을 성공적인 화자로 이끌어준다.

래리 킹은 대화 상대를 주시하고 있다는 점을 강조하기 위해 대화 도중 몸을 약간 앞으로 기울인다. 그것은 분명 효과적인 보디랭귀지이다. 상대방은 관심을 받고 있다는 생각에 더 신명나게 이야기를 이어나갈 수 있게 된다. 단, 눈을 지나치게 응시하거나 과도한 보디랭귀지를 사용하는 것은 경계한다. 상대방도 불편할 뿐 아니라, 말을 하는 사람에게도 고역이기 때문이다. 시선을 상대방의 어깨 너머로 두거나 계속 다른 쪽을 주시하는 것은 피해야 한다. 나도 비슷한 경험이 있어서 크게 공감이 가는 부분이다.

방송진행에 관한 협의를 위해 업계 관계자와 가진 미팅 자리가 있었다. 사실 내게 진행을 부탁하기 위해 온 사람치고는 늦어도 너무 늦었다. 약속시간이 40분 정도 지난 뒤에 그가 허겁지겁 나타났다. 그런 첫인상이 내심 별로 좋게 다가오지 않았다. 날이 추워서인지 그날따라 커피숍은 많은 손님들로 다소 소란스런 분위기였다. 그런데 그는 나와 말을 하는 도중 자꾸 다른 테이블로 시선을 돌렸다. 부탁을 하는 사람의 태도라고 보기에는 매우 건성이었다. 입은 나를 향해 열려 있으나, 눈은 연신 내 어깨 너머에 가 있었다. 그러다 보니 내 말을 잘못 알아듣고 재차 물어오기도 했다. 정신이 다른 곳에 가 있는 사람처럼 산만하기 그지없었다.

"눈은 마음의 창"이라는 말이 있다. 그는 결국 마음의 창을 내게 단 한 번도 열지 않았다. 회사의 대표로 나온 사람의 태도가 그 회사에 대한 신뢰마저 무너뜨렸다. 예상하다시피 그날의 협의는 제대로 이뤄지지 못했다. 그 사람 입장에서는 대화를 잘 이끌지 못해 업무를 제대로 성공시키지 못한 것이다.

상대방의 눈을 보고 말하는 것을 잘 못하는 사람도 있다. 특히 남성의 경우 여성과의 대화에서 눈을 제대로 쳐다보지 못하는 사람이 종종 있다. 미혼 남성에게 그런 성향은 더욱 두드러진다. 자신감이나 성격의 문제일 수 있다.

그런 면에서 여성은 남성에 비해 눈을 마주치는 능력이 월등히 높다. 남성과의 대화에서도 눈을 마주치는 것에 그다지 거부감을 느끼지 않는 것 같다. 나는 오히려 그런 점을 이용하라고 권하고 싶다. 그렇다고 너무 도전적으로 상대방을 응시할 필요는 없다. 마치 복싱경기에서 눈싸움으로 기선을 제압하듯, 처음부터 상대방을 제압할 생각을 하는 것은 금물이다. 그 순간 긍정의 대화는 깨져버린다. 눈빛은 최대한 부드럽게 하고 간격을 두어 눈빛을 교환하는 것이 좋다.

상대방의 눈을 바라보다가 시선을 눈보다 약간 위로 옮긴다. 그리고 시선을 다시 적절하게 테이블로 옮기면서 갖고 온 문서로 화제를 돌려보자. 눈의 움직임이나 눈빛의 교환은 최대한 자연스러움이 묻어나는 것이 좋다. 자연스럽지 못하고 어색하면 신뢰감을 잃을 수 있다.

눈을 마주치면서 고개를 끄덕이면 어떨까? 그것은 단순히 고개만을 끄덕이거나 눈만 마주치는 것보다 더욱 깊은 신뢰를 심어줄 수 있다. 상대방의 눈을 부드럽게 응시하며 율동적으로 고개를 움직여

보라. 그 몸짓 자체만으로도 대화는 부드럽고 유연해진다. 상대방은 '아, 이 사람이 나를 믿는구나. 정말 가깝게 느끼고 있구나'라고 받아들인다.

눈을 마주치지 않으면, 마주치지 못하는 것으로 오해할 여지가 충분하다. 눈을 마주치지 못한다는 것은, 거짓을 말하고 있거나 불안해한다는 간접적인 표현이 될 수 있음을 명심하자.

의도적으로 눈을 마주친다는 느낌이 들지 않도록 자연스럽게 눈을 움직이는 것도 중요하다. 입과 입이 대화하지 않아도 눈과 눈이 더 많은 것을 이야기할 수 있기 때문이다. 내가 항상 강조하는 대화의 법칙 중 하나가 이런 '비언어적 커뮤니케이션'이다.

굳이 말로 하지 않아도 통하고, 말로 하는 것보다 더 강한 대화의 힘을 발휘하는 무언의 소통법이 더 큰 힘을 발휘한다.

또렷한 눈빛으로 상대방을 부드럽게 응시하며 가끔씩 진심으로 고개를 끄덕여주는 온화한 대화법! 그 누가 이런 사람과의 대화를 좋아하지 않을 수 있을까?

인사법에서도 이 눈빛의 힘은 막강하다. 엘리베이터나 거리에서 아는 얼굴을 만날 때, 큰소리로 인사하기가 어려운 상황이라면 눈빛과 표정으로 반가움을 나타낼 수도 있다. 그냥 스쳐 지나가는 것보다 훨씬 낫다. 상대방이 알 수 있도록 크게 미소를 짓거나 손을 흔들고 고개를 숙이는 몸짓으로 감정을 드러내는 것이다. 회사에서 너무 자주 부딪혀서 두 번, 세 번 인사하기 어색한 경우라면? 학창 시절의 도덕 교과서에는 가볍게 목례를 하라고 적혀 있었던 것 같다. 하지만 목례를 하기에도 너무 자주 만난다 싶으면 간단하게 눈인사를 하거나 미소를 지으면 된다.

▎좋은 이미지로 기억되자

'비호감'이라는 컨셉트로 자신의 이미지 메이킹을 시도하는 연예인이 적지 않다. 대표적인 연예인이 바로 가수와 배우로 활동하고 있는 현영 씨.

그녀가 데뷔했을 때는 매력적인 S라인의 몸매를 갖고 있었지만, 특이한 목소리와 약간은 오버하는 화법 때문에 대중에게 다가서기 힘들어 보였다. 하지만 그녀는 그런 점을 자신만의 장점으로 부각시키는 데 성공했고, 지금은 결코 미워할 수 없는 귀여운 캐릭터로 사랑받고 있다. 노홍철 씨나 박명수 씨도 마찬가지다. 예전 같으면 텔레비전에서 좀처럼 볼 수 없었던 엽기적이고 도발적인 모습을 통해 신선하게 다가온 경우다. 그들의 그런 컨셉트는 적중했고, 묘한 호감을 불러일으켰다.

'호감'으로 스스로를 포장하는 대부분의 스타들 사이에서 '비호감' 컨셉트의 연예인들은 신선한 충격으로 다가온다. 그런데 정말

이들 '비호감' 스타들을 대중들이 비호감으로 느낄까? 나는 그렇지 않다고 본다. '호감'의 양면성을 비틀고 당당히 '비호감'의 옷을 입은 이들이 대중에게 '호감'으로 다가왔기 때문이다.

'호감'과 '비호감'은 상대적인 것이다. 그들의 공통점은 일단 밝고 긍정적인 자세를 갖고 있다. 보는 사람에게 웃음을 제공해준다.

우리 주변에도 '호감'과 '비호감'은 존재한다. 좋은 이미지로 기억되고 있는 사람과 그 반대의 사람이 항상 같이 있다. 당신이 알고 있는 많은 사람 가운데, '가장 유머러스한 사람'을 꼽아보자. '가장 본받고 싶은 사람', '가장 매너가 좋은 사람', '가장 성격이 좋은 사람', '가장 일을 열심히 하는 사람'에 해당되는 사람을 떠올려보자. 각 항목별로 누군가의 이름과 얼굴이 연상될 것이다. 이런 연상은 다른 사람이 당신에 대해 평가하는 경우에도 유효하다. 누군가 당신을 이런 기준으로 평가한다면 당신은 좋은 이미지의 영역에 포함되는 사람일까?

우리는 보통 주변 인물을 '~한 사람'이라고 요약해서 평가하기를 즐긴다. 가장 특징적인 요소를 단정적으로 평가하는 것이다. 만약 누군가에게 '짜증이 많은 사람', '진실함이 부족한 사람', '별로 특징이 없는 사람' 등으로 평가받고 있다면, 당신 인생에 있어서 그보다 치명적인 실수는 없다. 이 한 줄의 평가는 사람마다 각각 다르겠지만, 내 자신의 말과 행동을 기초로 하기 때문에 거의 비슷한 평가가 이루어진다. 당신에 대한 입소문은 순식간에 퍼진다. 좋은 것이 나쁜 것으로 바뀌는 시간은 순간이지만, 나쁜 것이 좋게 바뀌는 데는 매우 오랜 시간이 필요하다.

당신을 '좋은 이미지'로 만들어주는 가장 빠른 길은 무엇일까?

'좋은 이미지'는 착하다거나 인간성이 좋다는 말과는 별개의 것이다. 이미지란 깊은 내면의 평가가 아니라, 찰나의 감정을 끄는 매력 요소이다. 누군가를 처음 만났을 때, 그 사람의 첫인상은 입고 있는 옷, 약속을 준수하는 정확함 등으로 형성된다. 그 다음의 판단은 처음 대화에서 이루어진다.

사람과의 첫 대면은 한마디 말, 바로 인사로 시작된다. 인사는 대화를 시작하기 위한 물꼬를 튼다. 스쳐가는 만남이라도 인사를 시작으로 짧은 대화가 오고 가게 마련이다.

상대방이 나를 잘 몰라도 먼저 다가가서 인사를 하는 사람은 그 분야에서 마당발이 될 수 있다. 늘 웃으며 큰 소리로 먼저 인사해보자. 그 대상은 이해관계를 떠나서 '모든 사람'이라고 생각하는 편이 좋다. 출퇴근길에 마주치는 아파트 경비원 아저씨, 사무실 청소부 아주머니, 버스 기사 아저씨, 하다못해 환하게 밝은 모습으로 나를 맞이하는 싱그러운 아침에게도.

"안녕하세요! 수고가 많으세요!"

인사하는 마음속에 반드시 긍정을 담아야 한다. 마지못해 하는 인사는 상대방에게도 그 감정이 고스란히 전달된다. 말 한마디에 긍정을 담는 것은 어려운 일이 아니다. '누구에게나 내가 먼저 다가가서

고개를 숙이고 웃으며 큰소리로 인사한다'는 지론을 갖고 있으면 된다. 처한 상황과 상대방의 지위고하를 막론하고 인사는 평판을 바꿔놓는다. 인사가 인생에 어떤 나비효과를 불러올 수 있을까? 인사성이 바르기로 유명한 K를 예로 들겠다.

"안녕하세요, 선배님! 좋은 하루 되십시오!"

그와 마주치는 방송국 내의 모든 사람들은 기분 좋은 하루가 되라는 결코 싫지 않은 인사말을 듣는다. 그와 사적인 친분이 깊지 않은 이들도 그를 예의 바른 사람으로 기억한다. 설령 그가 사생활이 문란하고 성격이 괴팍할지라도, 공적인 만남에서 그런 것은 별로 표면에 드러나지 않는다.

"그 친구 인사성 하나는 참 바르고 싹싹하단 말이야. 보면 기분이 늘 좋아져."

이런 평판이 하나 둘 쌓이다 보니, 처음 K를 만나는 사람들까지 그 평판에 기대어 그와 대면하게 되었다. 작은 인사 습관 하나가 그의 이미지를 예의 바르고 성실한 청년의 이미지로 바꾸게 한 것이다. 대중들도 매체를 통해 그에 대한 평가를 접하게 되면서 그는 자타공인 '젠틀맨'으로 인식되기 시작했다. 그는 현재 인기가 상승가도를 달리고 있다. 그에게 악성루머나 기사가 터지더라도 그동안의 호의적 이미지 때문에 그다지 큰 이슈는 되지 않는다.

물론 그의 이미지를 인위적으로 포장된 상술이라고 폄훼하는 사람도 있을 것이다. 하지만 나는 그의 실제 인품이 보이는 것과 다르다고 해도, 인사를 잘하는 습관 자체가 이미 그의 이미지가 되었음에 동의한다. 그에게서 배워야 할 것은 대화를 시작하기 전, 긍정의 인사말을 건네는 수고로움 바로 그것이다.

특히 좋은 인사의 출발은 웃음 띤 표정과 큰 목소리라는 것을 잊지 말자.

맛있는 디저트 2

대화를 성공으로 이끌 수 있는 마법의 열쇠가 있는데 왜 그것을 사용하지 않는가? 고개를 끄덕이고 웃음을 짓고 눈을 마주치며 대화하는 것을 상대방에게 베푸는 서비스라고 생각하자. 그것이 상대방에게 최고의 감동을 불러온다.

인정하면 인정받는다

▌단점보다 장점을 먼저 듣자

예전에 다음의 글을 책에서 읽은 기억이 난다.

실적이 좋지 못해 쓰러지기 직전인 한 회사 사장이 영업사원들을 모아놓고 직접 강연을 했다. 흰 종이에 아주 작은 까만 점 하나를 찍어놓고선, "보이십니까?"라고 물었다. 멀리 떨어져 앉아 있던 직원들은 이구동성으로 아무것도 보이지 않는다고 대답하면서 웅성거렸다. 잠시 후 사장이 말했다.

"그렇죠. 까만 점은 잘 보이지 않지요. 그런데 왜 여러분들은 육안으로는 잘 보이지도 않는 까만 점만 찾으려고 합니까? 전부를 차지하고 있는 하얀 점은 보이지 않습니까? 왜 그건 간과하지요?"

그때서야 직원들은 사장의 뜻을 이해했다. 그후 직원들은 불안과 불평불만 대신 희망을 갖고 심기일전하여 열심히 뛴 결과, 회사를 회생시켰다고 한다. 이것이야말로 소위 플러스 발상, 즉 긍정적인 사고방식이다. 벌레 먹은 사과라도 거기만 빼고 먹으면 맛좋은 사과가 된다.

사람의 사고방식은 잠재의식에도 영향을 미쳐 운명을 좌우하게 되는 법이다. 그래서 긍정적인 자기최면은 중요하다.

대화에서도 자꾸만 상대방의 단점을 꼬집으려 하지 말고, 장점을 찾아 서로가 즐거워지는 쪽이 훨씬 바람직하다. 상대방의 장점을 듣는 일은 내 마음을 다스리는 것에서 출발한다. 플러스 발상의 테두리 안에서 대화를 시작하자.

일본에는 까마귀가 아주 많다. 그런데 일본인들은 기분 나쁜 색깔과 울음소리를 가진 까마귀를 흉조가 아닌 길조로 여긴다. 어차피 많이 보는 새니까 기분 나쁜 날짐승이라고 생각하지 않고 길조라고 여기는 것이다. 이 역시 플러스 발상의 좋은 예다.

아무리 고집불통이고 가치관이 다른 사람과의 대화에서도, 소통의 작은 구멍은 있게 마련이다. 만약 나와 상대방 사이에 커다란 벽이 있다면, 그것을 뚫지 못할 바에야 돌아가면 그만이다.

나는 방송을 통해 상대방의 장점을 듣는 연습을 하고 있다. 라디

오 방송을 하면 새로운 사람들과 이야기를 나눌 기회가 많다. 사연을 소개할 때는 이미 나에게 말을 걸어온 청취자를 향해 공개적으로 답변한다. 물론 상대방의 이야기가 모두 옳고 모두 감동적이며 수긍할 수 있는 것은 아니다. 때로는 내 생각과 일치하지 않을 수도 있고 논쟁거리가 튀어나올 수도 있다. 특히 정치나 경제 문제와 같이 민감한 현안에 대해 이야기할 경우 국민의 한 사람으로서 불만을 토로하고 따끔하게 일침을 놓고 싶기도 하다. 하지만 여기에 플러스 사고방식을 끌어오면 어떻게 될까?

라디오 방송은 청취자가 최우선이다. 긍정적인 분위기가 형성되어 있는 방송은 그렇지 않은 방송보다 호감을 준다. 불필요한 논쟁보다는 전체적인 톤을 편안하고 유쾌하게 가져가는 것이 좋다.

플러스 사고방식으로 대화를 이끌어가면 모두가 행복해진다.

방송 중 어떤 청취자에게 전화를 연결해서 장기자랑으로 노래를 하게 했는데 심각한 음치라면? 개인적으로는 그 모습을 살짝 비틀어 놀려주고 싶은 장난기를 발동하고 싶을 때도 있다. 그렇지만 진행자는 그 청취자뿐만 아니라 다른 청취자들의 다양한 마음을 골고루 헤아릴 줄 알아야 하는 법. 목소리가 굉장히 좋다거나 성량이 풍부하다고 장점을 말해준다면 분위기가 훨씬 좋아질 것이다. 내 말을 듣고 있는 수많은 청취자가 있다고 생각하면 말이 더욱 조심스러워지고 사려 깊어진다. 그래서 평소에 말을 할 때도 이런 자기암시를 건다.

'지금 수많은 사람들이 내 말을 듣고 있다.'

다른 한 가지 암시는 '세상에 일어나지 못할 일은 아무것도 없다' 이다. 라디오 프로그램에서는 우편이나 인터넷, 휴대전화 문자로 청취자들의 사연을 받게 된다. 만약 그들의 사연을 듣지 못했다면 나는 세상의 매우 단편적인 부분밖에는 보지 못했을 것이다. 하루에도 많은 사람들이 사랑을 고백하고, 누군가를 격려하며, 고마움을 전해 달라는 사연을 보내온다. 때로는 고민이나 슬픔, 실패에 대해 하소연하기도 한다. 나는 그 희로애락의 사연들에 "정말 축하드려요", "그래도 힘내세요", "다 잘될 거예요" 등의 해피엔딩을 선물한다.

긍정적으로 생각하고 말하게 되는 이 버릇은 일상생활에서도 자연스럽게 이어진다. 내 경우 이런 암시가 자동적으로 가능하지만, 일반적으로는 자신이 이런 암시를 걸었다는 사실조차 망각하는 경우도 있을 것이다. 그래서 연습이 필요하다.

내 안을 긍정의 힘으로 충만하게 채우는 것이 바람직한 대화를 이끌어가는 비결이 된다.

비난이나 충고를 하고 싶다면 소위 'YB 법칙(Yes/But)'으로 설득할 수 있다. 한번은 내 프로그램 청취자가 방송의 특정 내용에 관해 강력하게 항의하는 일이 벌어졌다. 그 내용이 개인적으로 큰 상처가 되었던 것이다. 나는 우선 청취자의 항의를 가만히 들었다.

"맞는 말씀이세요. 얼마나 상처를 받으셨어요."

이렇게 말하면 일단 'Yes'라고 인정하는 것이다. 그리고 이어서 "그 내용은 신문에 인용된 걸 그대로 말한 건데, 상처를 드리게 되어 죄송합니다"라고 해명의 말(But)을 꺼낸다. 이렇게 처음에는 동조하고 그 다음에 해명을 하게 되면 훨씬 더 설득력 있게 들린다. 처음부터 "신문에 있는 걸 그냥 읽은 것뿐입니다"라고 직설적으로 이야기 했다면 큰 싸움이 났을 것이다.

상담 센터에서 고객을 응대하는 사람들의 화법도 내 경우와 비슷하다. 서비스에 불만을 느끼고 화가 나서 전화를 한 고객이 있다면, 처음에는 무조건 'Yes'로 접근하여 고객의 분풀이와 하소연을 그냥 다 듣는다. 그리고 이어서 'But'으로 다가간다. "하지만 고객님…"이라며 완곡히 해명한다. 만약 고객의 항의가 100퍼센트 회사의 잘못에 의한 것이면 'But'이 나와서는 안 된다는 것을 유의하자.

36.5도, 그 이상의 따뜻한 사람

최근에 친구가 된 사람이 있는데, 어느 정도 나이가 들었고 외모도 평범한 중년 여성이다. 그런데 그녀의 인기는 그야말로 하늘을 찌를 듯하다. 여자들은 물론 나이가 지긋한 남자들에게도 그녀의 인기는 연일 상종가다. 한 남성은 그녀가 기혼인 것을 알면서도 적극적으로 호감을 표시해 오기도 하고, 나이가 한참 어린 한 독신 남성은 자신의 이상형이라면서 그녀가 운영하는 엔티크숍(서양 골동품을 파는 가게)에 매일 찾아와 환심을 사려고 노력하기도 한다. 물론 그녀는 남자들의 그런 반응에 잔잔하게 웃기만 할 뿐이다.

자, 이쯤 이야기하면 그녀가 사람을 끄는 매력이 도대체 무엇인지 궁금할 것이다. 그녀의 매력은 '무척 따뜻하다'는 것이다. 남의 말에 정성껏 귀 기울여 주고, 상대방이 불편한 점은 없는지 늘 신경 쓰고 배려해준다. 평소에 말이 많은 편은 아니지만 어려움에 처한 사람들의 이야기를 들으면 자신의 일처럼 가슴 아파한다. 바이올린을 전공한 그녀의 가게에 들어서면 언제나 클래식 음악이 흐른다. 더욱이 그녀는 무척 겸손하며 예의가 바르다.

또한 매너 좋고 우아한 그녀는 누구에게 폐를 끼치는 것을 싫어하고 어느 정도 경제적 능력이 있어서 돈 쓰는 일에 인색하지 않다. 나설 때와 가만히 있을 때를 구분할 줄 알며, 꽃향기와 비 오는 날의 드라이브를 사랑하는 낭만파이기도 하다. 누군가 무슨 이야기를 하면 가만히 귀 기울이고 있다가 고개를 끄덕여주고, 엷은 미소를 띠며 공감하고 있음을 표현한다. 이제, 그녀가 남녀를 불문하고 사랑받는 매력 포인트를 짐작할 수 있겠는가?

나이가 들어갈수록 자기를 편안하게 해주는 사람, 내 말을 경청해주고 공감해주는 사람, 말이 통하고 지성미가 있으며 따뜻한 사람은 누구나 좋아하는 것 같다. 따뜻한 마음씨와 남을 배려하는 매너는 언제나 환영받는다.

이성뿐 아니라 동성들 사이에서도 인기가 좋은 그녀의 가게는 항상 사람들로 북적인다. 물건을 사건 사지 않건 간에 사람들은 그곳에 가면 포근함과 위안을 느낀다. 어쩌면 그곳에서 잃어버린 따뜻함과 인정을 발견하고 싶어 하는지도 모르겠다.

방송계에서도 이 따뜻함의 기운을 몰고 다니는 분이 있다. 바로 연극배우 손숙 씨. 그 따스함의 정체는 바로 감싸주고 보듬어주는 그녀 특유의 화법에 있다. 작가나 PD들에게 그녀는 엄마로 통한다. 이 시대의 이상적인 엄마상을 이야기하라면 머릿속에 가장 먼저 떠오르는 사람으로, 실제로 만나보면 정말 엄마 같다. 나그네의 외투를 벗긴 따뜻한 햇살처럼 먼저 물어주고 먼저 걱정해주고 먼저 배려한다. 그녀의 품안이라면 마음의 문도 열게 되고 가식의 옷도 벗게 된다. 남녀노소를 불문하고 그렇게 따뜻한 목소리와 손길을 마다할 사람이 있을까?

그런 따스함의 절반은 타고 난 천성이고, 남은 절반은 후천적인 환경과 스스로의 노력이라고 생각한다. 중요한 것은 우리 모두의 천성도 마찬가지라는 점이다. 우리도 36.5도의 따뜻한 천성을 지니고 태어난다. 단지 누군가는 마음의 화로를 꺼뜨리지 않을 뿐이고, 누군가는 다 타들어가 재만 남는 것이다.

때로 이성에게 인기가 있는 사람이 동성들 사이에서는 평판이 썩 좋지 않은 경우가 있다. 이 대목에서 '맞아!'라며 공감하는 사람도 많을 것이다. 한 CF에서, 남자 친구의 전화에는 옥구슬이 굴러가는 목소리로 대답을 하다가 동성 친구에게 전화가 오자 태도가 돌변하여 뻣뻣하게 통화하는 장면이 있었다. 이성에게는 가식적인 말투와 애교로 부드럽게 대하고, 동성에게는 까칠한 사람들이 꼭 주변에 한둘은 있다. 이런 사람은 동성들 사이에서 결국은 '은따(은근히 따돌림 받는 존재)'가 되고 만다. 당신이 마음의 화로를 항상 켜두는 사람이라면 사람들은 저절로 당신 곁에 몰려든다.

진심으로 따뜻하게 말하는 사람이 결국에는 인정받게 되어 있다.

┃ 낮춤 화법, 나를 낮춰 상대방을 높인다

얼마 전 신문에서 한때 인기가 많았던 가수 김민우 씨가 자동차를 파는 세일즈맨으로 변신했다는 기사가 눈에 들어왔다. '입영열차 안에서', '휴식 같은 친구', '사랑일 뿐이야' 등의 잔잔한 발라드를 부르던 가수가 차를 판다고?

못 말리는 호기심이 발동했고, 바로 게스트로 섭외했다. 스튜디오를 직접 찾은 김민우 씨는 약속시간보다 훨씬 일찍 도착해 있었다. 조금도 흐트러짐이 없는 단정한 모습을 한 그는 주민등록상 나이로는 분명 30대 중반이 되었을 텐데, 아직 20대 중반의 앳된 모습이었다. 그리고 생김새만큼이나 무척 겸손하고 예의가 바랐다. 조금 과

장해서 말하자면 연민이 느껴질 정도로 겸손하고 성실한 자세가 무척 인상적이었다.

연예인들 대부분은 대접받는 것에 익숙하다. 비록 공백 기간이 있어도 몸에 밴 습성을 없앤다는 것이 굉장히 힘들다고 한다. 항상 남이 먼저 알아주고 사랑을 받아온 입장이기 때문에 인기와 스타라는 환상을 버리지 못하고 중독되는 것이다. 보통은 그런 것들을 몸과 마음에서 빼내지 못한다고 하는데, 내가 만난 김민우 씨는 그런 것들이 조금도 느껴지지 않았다. 군기가 제대로 잡힌 예의 바른 세일즈맨의 전형이라고나 할까? 가수에서 세일즈맨으로 변신한 모습이 놀라웠다.

사람이 매너리즘에서 탈피해 새롭게 어떤 일로 직종을 바꾼다는 건 쉽지 않다. 노래 한두 곡만 부르면 쉽게 돈을 벌 수 있는 가수라는 직업에서, 어렵고 전혀 생소한 세일즈맨의 세계로 뛰어든 그의 용기에 박수를 보낸다.

세일즈에서 성공하면 이 세상에서 못해낼 일이 없다고 한다. 그만큼 자존심 상하고 상처받는 일이 많다. 영업직에 종사하는 사람들끼리 "아침마다 자존심은 냉장고에 던져두고 나와야 한다"는 진담 섞인 농담을 하기도 한다.

세일즈맨의 마음을 갖는 것은 일반적인 대화에서도 매우 유용하다. 내가 가지고 있는 물건을 팔기 위해서는 나를 낮추고 고객을 높여야 한다. 그게 불가능하다면 효과적인 세일즈를 할 수가 없다. 고객의 입장에서 물건을 설명할 수도 있어야 한다.

채시라 씨는 10년이 넘는 세월 동안 같은 화장품 회사의 전속모델로 활동한 기록을 가지고 있다. 말이 10년이지 한 브랜드, 그것도 화장품 브랜드의 모델을 10년 동안 했다는 것은 유례가 없는 일이다. 이처럼 그녀가 어렸을 때부터 결혼 후에도 활발하게 활동할 수 있는 비결은 바로 그녀의 대화법에 있다.

그녀가 말을 하는 모습을 보면 아나운서 못지않게 발음이 굉장히 뛰어나다는 것을 알 수 있다. 게다가 사람과의 약속이나 신의를 중요하게 생각하고 상대방을 기분 나쁘게 하는 말투나 언행을 좀처럼 하지 않는다. 톱스타의 반열에 올라 있으면서도 낮은 자세로 항상 친절하게 고개를 숙이는 모습은 같은 여자가 봐도 '참 괜찮은 사람'이라는 생각이 들게 만든다.

박경림 씨의 화법도 자신을 지극히 낮춘다. 너무 낮추다 못해 어떤 때는 스스로 "나는 자학형이다"라고 고백할 정도로, 그녀의 말 속에는 소박함과 겸손함이 묻어난다. 스스로를 낮춰 말하는 사람치고 인간관계가 좋지 않은 사람은 거의 보지 못했다. 그녀도 연예계의 마당발로 명성이 자자하다. 서로 잘났다고 뽐내도 살아남을까 말까 한 방송계에서 평범한 얼굴과 목소리를 가진 그녀가 오랫동안 왕성한 활동을 하고 있다는 것만으로도, 이제 스스로에게 칭찬을 해도 좋다고 생각한다.

'그래, 나는 잘났어. 이 정도면 됐어'와 '아니야, 나는 아직 멀었어. 더 열심히 할 거야'의 차이는 결과에서 확연히 드러난다. 전자의 경우 시야가 좁아 눈앞의 성공에만 집착하고, 후자는 눈앞의 성공보다는 저 멀리 있는 더 큰 목표를 향해 계속 달려갈 것이다. 스스로에게 만족하고 자신감에 도취되는 사람은 더 큰 것을 가질 수 없다. 그 사람의 그릇은 딱 거기까지인 셈이다.

　나를 낮추면 사람과 성공이 따른다. 상대방을 대접하는 것만큼 나도 대접받게 된다.

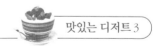
맛있는 디저트 3

대화에서 성공하는 방법은 사실 너무나 간단한 것인지도 모른다. 두 팔을 벌리고 상대방의 말을 껴안고 가시를 뽑아내어 부드럽게 다듬자. 그런 다음 나를 낮추고 36.5도의 체온으로 정성스럽게 대화를 이어가자.

대화는 연설이 아니다

▌혼자만의 확신과 고집을 버리자

"인생을 70년 살면 70번 변해라."

공자의 말이다. 공자가 생각이 짧고 변덕이 심해서 70번을 바꾸라고 했을까? 자신이 부족하거나 잘못된 게 있으면 가치관이나 생각도 빨리 고칠 수 있는 유연함을 강조한 것이라고 생각한다. 쓸데없는 고집이나 원칙을 내세우는 게 아니라, 새로운 환경에 맞는 대안을 생각해내고 실행하라는 것이다. 나는 다른 것은 몰라도 이 유연함 하나 만큼은 명심하고 살아간다.

휘어지긴 할지언정 부러지지 않아야 최후의 승자가 된다. 막히면 돌아갈 길을 찾아보고, 벽이 높으면 탈출할 다른 방법을 모색해본다. 상처가 나면 울고불고 하지 말고 재빨리 상처를 낫게 하는 약을 구하려고 노력하는 것이 현명한 처세술 중의 하나이다.

대화 도중 어떠한 난관에 부딪히더라도 당황하지 않아야 한다. 찾아보면 반드시 해법이 있으니 찬찬히 돌파구를 모색하면 분명 길이 보인다. 언제나 성미가 급한 사람이 패배한다. 물론 저돌적으로 밀어붙여야 승산이 있는 경우도 있지만, 세상일 대부분은 한 템포 늦추고 곰곰이 생각해보면 해결책이 저절로 나온다. 그것이 합리적인 대안 찾기다.

내가 진행하는 라디오 프로그램은 아침 방송이다 보니 주로 '아침형 인간' 청취자가 많다. 그 중 대표적인 아침형 인간이 누구라고 생각하는가. 놀랍게도 교도소의 수감자들이다. 그들은 아침마다 그곳에서 내 방송을 듣는다고 한다. 세상의 밝은 곳 뿐만 아니라 어두운 곳, 소외받은 곳까지 내 목소리가 울려 퍼진다고 생각하니 놀랄 따름이다. 정말 아침형 인간이 될 수밖에 없는 사람들의 사연을 읽고 나면 태어날 때부터 악한 사람은 없다는 생각이 든다. 어쩌다 스스로를 그곳까지 흘러가도록 내버려 두었을까? 하나같이 부모님을 걱정하고 잘못을 뉘우치는 순박하고 순수한 마음의 글들이다.

한 수감자의 편지가 기억에 남는다. 그는 교도소에서 보낸 지난 몇 달 동안 인생에서 가장 크고 중대한 변화를 이뤘다고 했다. 자신

앞에 방해가 되는 것들은 모두 무릎을 꿇게 만들겠다고 마음먹었던 그가, 입장을 바꿔 생각할 수 있는 여유를 갖게 되었다는 것이다. 그리고 세상 이야기들을 들을 수 있게 귀를 열어주어 고맙다는 글을 남겼다.

수감자와 우리들의 차이는 욱하는 성질을 참느냐 못 참느냐에 있다. 아무리 기분이 나쁘거나 자존심 상하는 말을 들었더라도 한 템포 쉬며 호흡을 골라보자. 권위적으로 강하게 밀어붙이기만 하면 언젠가 반드시 부러지고 만다.

체코, 폴란드, 헝가리 등 동유럽 국가들을 여행한 적이 있다. 그때 느낀 것 중 하나가 공산주의의 경직성과 관료주의가 국가를 얼마나 퇴보시키는가 하는 점이었다. 찬란한 문화유산과 역사, 자원 등을 가진 동유럽의 나라들이 구소련의 체제하에서 지루한 침체기를 거친 뒤, 경제가 개방되면서 비로소 점차 역동적으로 변화해가고 있다. 특히 체코나 헝가리는 아직 국민소득이 8,000달러 미만이지만, 머지않아 크게 발전할 거라는 생각이 들었다. 인류 역사상 빗장을 걸어 잠그고 폐쇄주의 정책을 폈던 곳치고 흥한 곳이 없다. 지금의 북한처럼 말이다.

중국을 보자. 덩샤오핑의 개방정책 이후 '천지개벽'이라고 일컫는 상하이를 중심으로 엄청난 발전을 이루고 있다. 비단 국가뿐 아니라 조직이나 개인도 마찬가지이다. 무조건 개방만이 정답이라고 하기에는 무리가 따르겠지만, 폐쇄보다는 개방, 경직보다는 유연함이 필요한 것만은 틀림없다. 변증법적인 혼란의 과정을 거치면서 결국 '발전'이라는 합의 단계에 이르는 것이다.

이러한 모습을 보면 전혀 타협의 여지가 보이지 않는 독불장군식 대화는 피해야 한다. 그런데 나이를 먹을수록 그런 고집은 점점 더 굳건해지는 것 같다. 젊은 친구들은 사고가 유연하고 변화에 민감하며 두려움이 없는 것에 비해, 40대만 해도 변화를 꺼린다. 이미 머릿속에 쌓이고 쌓여 단단해진 주관을 무너뜨릴 수 없기 때문이지만, 그 빗장을 풀지 않으면 대화는 단절될 수밖에 없다.

변화의 문을 열고 상대방의 말과 끊임없는 교감을 하려는 자세가 필요하다. 이와 연관된 방송계의 대표적인 인물이 바로 현미 씨와 김세레나 씨다. 적지 않은 나이에도 젊은 후배들과 끊임없이 교류를 즐긴다. 선배가 선배로서 대접받으려고 하는 것이 아니라 선배로서의 노릇을 하려고 한다는 점도 다르다. 후배들이 다가와 인사해주고 깍듯하게 모셔주기를 바라는 선배들이 얼마나 많은가. 하물며 이들은 대선배 중의 대선배이니 그런 대접을 받아도 괜찮을 것이다. 그런데 그들은 그렇게 하지 않는다.

먼저 다가가서 후배들의 안부를 묻고, 요즘 젊은 사람들은 어떤 생각을 하는지 서로 이야기하고 싶어 한다. 사람 만나는 것이 즐겁고 대화하는 것이 재미있어 죽겠다는 듯. 누가 봐도 어깨에 힘을 싣고 고개를 빳빳하게 들어도 될 위치에서 먼저 고개를 숙이고 손을 내밀어주는 사람, 그런 사람이 정말 멋있는 사람이다.

내가 알고 있는 지식이 아무리 견고하고 확실하더라도 한 번쯤 의심을 갖자. 내가 알고 있는 것이 정말 최고일까? 조금 더 나은 방향이 있는 것은 아닐까?

스스로를 유연하게 풀어놓자. 비바람에 휩쓸려도 절대 부러지지 않는 갈대의 흔들림처럼.

최근에 김세레나 씨를 만난 적이 있다. 그녀는 아직도 애교가 넘쳤다. 그 나이면 조금이라도 있을 법한 고집이나 아집 없이, 마음을 비우고 누구라도 소통하려는 자세가 젊음의 비결처럼 보였다. 주변 사람들의 이야기로는 옛날부터 도와주는 것을 좋아해서, 그동안 많은 돈을 벌었지만 남은 게 별로 없다고 한다. 주변에서 누가 어렵다고 하면 나서서 도와주고 가진 것이 없더라도 만들어서 퍼주는 스타일이다. 지금도 어려운 일이 있으면 달려올 사람은 많다고 한다. 돈은 모으지 못한 대신 사람을 많이 모은 것이다.

▌교감의 메시지

당신은 고민이 생겼을 때 어떤 방법으로 해결하는가?

사적인 일인 경우, 예컨대 남자 친구와의 갈등에 대한 고민이라면 동성 친구를 찾게 된다. 직접 만날 필요도 없이 전화를 붙잡고 수십 분 통화를 하고 나면 그나마 속은 좀 후련해지니 말이다. 그 중에는

고소하다는 듯 "헤어져라"며 극단적인 해결책을 던지는 얄미운 친구도 있지만. 직장 내에서도 당신과 친하거나 소위 코드가 맞는 무리들이 형성되어 있을 것이다. 상사와의 문제나 동료들 사이의 갈등은, 이들 무리 안에서 여러 번 안주거리가 되고 나면 언제 그랬냐는 듯 다시 일상으로 돌아간다.

정말 어려울 때, 세상이 나를 버린 것 같은 패배감과 외로움이 엄습해 올 때, 주변에 터놓고 말하기 좋은 친구, 고민을 상담해주는 친구가 한둘은 꼭 있다. 그런 친구들은 반박보다 교감이나 진심 어린 제안을 해준다. 누구나 자신만의 생각을 갖고 있지만, 혼자 알고 있는 것은 사실 아무런 감흥도 없다. 누군가 그 이야기를 듣고 아주 기발하다며 당신을 추켜세우거나 부족한 부분을 알려줘야만, 더 적극적으로 실행에 옮겨지거나 수정되고 보완될 수가 있다.

한 친구의 예가 정말 딱 떨어지는 경우다. 이 친구는 남들이 보기에 적어도 보이는 모습은 나와 잘 맞는 찰떡궁합은 아니다. 만나면 첫인사가 티격태격 말싸움이다. "머리 어디서 했니? 예쁘다"라고 말하는 스타일이 아니다.

"얘, 머리 좀 그만 괴롭혀라. 나이 좀 생각해."

이런 식이다. 그런데 싫지가 않다. 밉지도 않다. 오히려 함께 나이를 먹어가는 동지애가 느껴진다고나 할까? 오히려 가식적으로 입에 바른 소리만 하는 친구였다면 이렇게 오래도록 절친한 단짝으로 남지 못했을 거란 생각이 든다. 그녀는 내가 방송에서 하는 작은 실수

하나도 그냥 넘어가지 못한다.

"그 멘트는 좀 경솔했던 거 너도 알지? 그 말 때문에 네가 곤욕을 치를까봐 걱정된다."

그녀의 일침은 따끔하긴 하지만 분명 약이 된다. 진심이며 적어도 뒤에서 나 몰래 씹는 일은 없으니까. 정말 나를 아프게 하는 것은 나를 잘 알지 못하는 사람들이 뒤에서 수군거리는 이야기들이다. 하지만 이런 정면 공세는 반갑다. 정말 '친구'라는 생각이 들어서 오래도록 곁에 두고 싶어진다.

교감이란 반드시 긍정적인 쪽으로 고개를 끄덕여주는 행위는 아니다. 이것은 관심의 정도라고 보면 될 것이다. 내 이야기를 상대방이 듣고 지나쳐버리는가, 자신의 생각을 이야기해주고 조금 더 적극적으로 참여해주는가의 사이에는 커다란 간극이 존재한다. 긍정적인 교감은 사람의 열정과 실행의지에 불을 지핀다.

확신이 없던 아이디어에 동조자를 얻음으로써 50퍼센트의 가능성을 70퍼센트 정도까지 스스로 끌어올린다. 아이디어에 다시 아이디어가 더해져서 더 효과적인 방향으로 정립할 수 있다.

부정적인 교감은 우리에게 큰 상실감으로 다가온다. 물론 반박을 당하는 그 순간만 그렇다. 제3자가 바라보는 전혀 새로운 관점이 아이디어를 갈고 닦아 더 윤이 나는 실행 안으로 거듭나는 기회를 마련할 수 있다. 물론 의견 차이의 벽에서 너무 뻣뻣하게 굽힐 줄 모른다면 부정적으로 발전할 가능성도 크다.

이때 필요한 조언은 받아들이고 흡수시켜서 내 것으로 만들 수 있어야 한다. 최소한 상대방은 당신의 이야기에 귀를 기울이고 있고, 방법을 발전적으로 모색할 수 있도록 위험 요소나 오류를 찾아내는 훌륭한 조언자다. 이들은 아무런 반응 없이 남의 이야기로 흘려버리는 사람들에 비해 당신에게 확실히 도움이 되는 존재이다. 그들은 아마 당신 외에 수많은 사람들에게 그런 존재로 인식되고 있을 것이다.

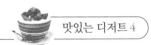
맛있는 디저트 4

마음이 통하는 사람과의 대화는 부담스럽지 않아 좋다. 내가 하는 말과 상대방이 이해하는 방식이 정확하게 맞물려 돌아가는 그 맛이 좋다.

다양한 목소리를 들어라

책 속에서 찾는 대화의 지혜

"책은 죽은 자를 삶으로 불러내고 산 자에게는 영원한 삶을 선사하는 마법의 세계"라는 말이 있다.

책 속의 단 한 줄이 한 사람의 인생을 바꾸기도 한다. 요즘 베스트셀러에 오르는 책들은 내게 꽤 흥미롭다. 특히 커리어 쌓기나 사고의 전환을 외치는 자기계발서들이 그렇다. 내가 읽어보지 못한 수많은 책들이 날개 돋친 듯 팔려나간다. 그 중 어떤 책은 100만 명의 독자들에게 읽히고 있다.

문득 어떤 책들이 독자들을 사로잡는 걸까 궁금해졌다. 이런 의구심을 해결하고자 서점에 가서 요즘 베스트셀러라고 하는 책들만을 의도적으로 골라 읽어보았다. 아, 이 투철한 실험정신!

나는 사실 베스트셀러가 '대중가요'라고 생각했다. 흘러가는 유행가 같은 것이라고. 아무튼 그렇게 술술 넘어가는 대중가요를 흥얼거리듯 책장을 넘겼다. 그런데 정말 대중가요가 그렇듯 이 책들은 내 손이 춤추듯 책장을 넘기게 했고, 내 눈이 쉬지 않고 글자들을 읽어 내려가게 했다. 잠시 한눈을 팔 겨를도 없이 단숨에 한 권의 책이 내 안으로 흡수되듯 들어왔다.

아주 로맨틱한 영화나 슬픈 영화를 보고 난 뒤의 느낌을 기억하는가? 짧게는 30분, 길게는 하루 정도 그 영화의 여운이 생활 속 깊이 자리한다. 그러나 딱 거기까지. 다음날은 그 감흥을 기억하지 못한다. 그래도 그 30분에서 하루 동안 우리는 많은 감정의 변화와 생각의 변화를 경험한다. '나도 저런 사랑을 해봐야지', '나는 사랑하는 사람을 저렇게 떠나보내지 않겠어' 등.

웃다가 울다가 화내다가 다시 즐거워지는 것, 그런 마음의 동요만으로도 우리는 그 영화에서 이미 얻을 것은 다 얻은 셈이다. 심오한 주제의 예술영화를 본다고 해서 우리에게 남는 그것이 일생을 바꿀 만큼 나와 밀접한 주제일까? 전쟁과 평화, 이념과 권력의 이야기가 나의 생활을 바꿔주지는 못한다.

오히려 「브리짓 존스의 일기」의 뚱뚱한 노처녀에게서 동질감을 느끼고,「섹스 앤 더 시티」의 주인공 같은 쿨한 인생을 동경하는 쪽이 빠르다. 대단히 심오한 철학보다 순간의 이미지와 한 줄의 이미지가 내 마음을 움직인다는 말이다.

나는 사실 책이란 매체에서 대단한 것을 기대하는 쪽이었는데, 요즘은 더 똑똑한 사람이 많아졌나 보다. 책에서 정보를 훔치고 지식을 사냥하는 현상이 두드러진다. 그런 의미에서 요즘 베스트셀러의 경향 역시 나름대로는 긍정적으로 바라본다. 평론가나 전문가 쪽에서 바라보는 우려의 목소리와는 다르게, 책이란 독자들의 목적에 부합하면 좋은 것이다. 내가 요리를 하기 위해 요리책을 사서 맛있는 요리를 해먹을 수 있다면 그걸로 된 것이고, 새로운 도약을 위해 어느 성공한 여성의 처세서를 읽고 내 생활의 일부가 변해간다면 그걸로 족한 거니까.

많은 사람들에게 읽힌 책에는 동시대인들이 공유하는 감성이 들어 있다. 좋은 책은 어려운 책이 아니라, 어려운 인생을 풀어주는 책이다. 훌륭한 고전이야 두말할 것도 없고 동시대의 지식들이 쏟아지는 베스트셀러도 두루두루 섭렵해두자. 다양한 책을 고르게 섭렵하는 것은 큰 무기가 된다.

우림건설의 심영섭 대표는 독서광으로 유명하다. 감명 깊게 읽은 책마다 직접 독후감을 써서 사내에 추천도서로 지정하고, 그 책을 주변에 선물하기도 한다. 직접 쓴 감상문을 책에 삽입해 별도 주문할 정도로 좋은 책에 대한 애착이 남다르다. 그의 집무실 서가에 꽂혀 있는 책은 대부분 밑줄이 쳐져 있거나 메모가 되어 있다. 책을 읽으면서 느낀 점이나 감상을 그때그때 책에 직접 기록해두는 습관 때문이다. 밑줄까지 쳐가며 고시공부를 하듯 정독하는 그는 한 번 읽은 책을 두 번 세 번 읽는 스타일은 아니다. 많은 책을 다독하고 핵심적인 주제만을 밑줄을 쳐가며 머릿속에 스크랩한다. 그렇게 스크랩한 내용은 그의 경영관과 인생관에 적극적으로 반영된다. 많은 책을 읽고도 다시 생활로 돌아오면 나태해지는 사람들이 얼마나 많은가.

그는 책을 놓는 순간 그 내용을 잊을까봐 좋은 책은 감상문을 쓰면서 되새김질하고, 자동차나 집무실 등 어디에나 책이 눈에 띄도록 배치해 책을 손에서 놓지 않는다고 한다. 그가 써가는 독후감이 늘어날수록 현명하고 지혜로운 스승이 한 명씩 늘어나는 셈이다. 또한 한 달에 수백 권의 책을 직접 구입해서 거래처나 지인, 친구에게 선물로 보낸다. 내 책장에도 그가 선물한 책들이 빼곡하다. 끊임없는 독서와 사색이 세상의 물리를 터득하게 하고 어떤 일을 판단할 때 단견에 빠지지 않는 원동력이 됐으리라 본다.

내 경우 유머의 원천이 바로 책이다. 나는 여러 가지 분야의 책을 다독하는 편이다. 대학 시절부터 습관이 된 독서 덕분에 어떤 화제가 나와도 막히지 않고 인터뷰를 할 수 있다고 믿는다. 요즘 대개의 조직에서도 순발력을 강조하는데, 머릿속에 무엇인가가 있어야 순발력도 나온다. 거기에 독서가 가장 큰 힘이 된다.

책은 그대로 덮어두면 아무런 말도 하지 않는다. 우리가 비로소 책장을 열어 눈길을 주고 글자를 받아들여야만 말을 하기 시작한다. 좋은 것은 누구의 것이든 배워야 한다. 책 내용을 벤치마킹하여 내가 한 발자국 더 나아가고 발전할 수 있다면, 그보다 좋은 인생 전략이 어디 있겠는가!

맛있는 디저트 5

책의 다양한 목소리에 귀를 기울여라. 책의 지식과 지혜가 내 것이 되면 대화의 레퍼토리가 늘어난다.

심영섭 대표의 낮춤 화법

낮춤 화법으로 업계에서 유명한 CEO가 있다. 바로 우림건설의 심영섭 대표이다. 그는 리더로서 명령하는 일방향의 방식보다 그 사람 안에 내재되어 있는 지성과 호기심을 끌어내는 쪽을 선호한다. 직원이 사장의 서포터가 아니라 사장이 직원의 서포터라는 생각을 갖고 있다. 누가 시켜서 일하는 것보다는 자연스럽게 '해야 한다' 고 인식할 때 조직이 더 능률적으로 움직일 수 있다는 지론이다.

그는 이것을 '셀프 리더십' 으로 표현한다. 모든 사람이 스스로 리더가 되어야 한다는 의미이다. 어떤 프로젝트의 진행이 미진하거나 실패한 경우 결과 자체를 놓고 잘못된 점을 질책하는 것이 아니라 스스로 발견하고 해결하도록 유도한다. 이렇게 말이다.

"자네도 지성인이지 않는가. 우리 모두 대학을 나왔고 그래도 소위 큰 학문을 했다는 사람들이다. 누가 하라고 하지 않아도 자네는 다시 잘할 수 있을 거라 믿네. 자신 있지?"

사실 이런 순간에 감정을 억누르고 위와 같이 말할 수 있다는 건 대단한 내공의 소유자가 아니고선 불가능하다. 유명 경영인들의 책에서는 위와 같은 사례가 수도 없이 나와 있지만 그것을 실천하는 사람은 매우 드문 것이 현실이다.

이런 부드러운 화법은 훨씬 더 사명감을 불러일으키고 의욕이 차오르게 만든다. 그 자리에서 호통을 치거나 면박을 주었다면, 뒤에 가서 된통 상사 욕이나 할 것이다.

그는 힘이 있는 사람이 힘없는 사람을 억압하는 방식은 비신사적인 것이라고 본다. 상대방의 자신감만 떨어뜨리고 조직 관리의 효율성도 떨어지기 때문이다.

리더가 먼저 지성과 인격을 갖추고 아랫사람을 존중하는 것에서 조직의 신사도는 시작된다. 서로가 자극을 주고 도와주는 시스템이 되어야 조직은 더욱 활기차게 돌아갈 수 있다는 것이다.

리더십은 누가 가르쳐 주는 것이 아니라 스스로 체득하는 것이라고 믿는 심영섭 대표의 경영 마인드에 영향을 받은 우림건설의 조직 시스템은 스스로 전체가 리더가 될 수 있도록 돕는 시스템이다.

그의 이런 마인드는 조직관리를 포함한 비즈니스 전 영역에서 발휘된다. 그 사람이 신사인지 아닌지를 보려면 그 사람 주변의 가장 허드렛일을 하는 이를 보라고 했다. 그 말은 직급과 신분이 낮은 사람을 대하는 그 사람의 태도를 보라는 것이다. 경비원이나 화장실 청소부 아주머니를 마치 VIP를 대하듯 할 수 있는 사람이 정말 신사이다.

심영섭 대표는 청소하는 아주머니에게 항상 아침인사를 할 때, "청소도 운동이라고 생각하면서 재밌게 하세요", "그 연세에 자식들 도움 안 받고 독립해서 생활하시는 모습, 존경스럽습니다. 제가 고개가 저절로 숙여지네요. 파이팅입니다!"라고 한다.

알고 보니 그 아주머니도 자식들 대학공부 다 시키고 장성해서 경제적으로 어려움이 없지만, 일을 하고 싶은 나머지 청소를 하며 보람을 찾고 있는 것이었다고 한다.

우림건설의 현장에는 '잡부'라는 말이 없다. 심영섭 대표의 제안으로 잡부라는 말 대신 '인부님'이라는 완곡한 표현을 쓴다. 사원들에게 "그 분들은 당신보다 형편이 나쁘거나 운이 조금 좋지 않을 뿐, 당신의 아버지이자 형님 같은 사람이다"라고 이야기한다.

정말 지성인이라면 그런 사람을 무시하고 업신여기는 말투부터 고쳐야 진심으로 존중하며 대우할 수 있게 된다는 것이다. 그리고 현장을 둘러볼 때도 "허리 펴가면서 하세요"라고 인부들을 격려한다. 그는 차를 운전하는 기사에게도 '선생님'이라는 호칭을 쓴다. 내가 존중하는 만큼 상대방도 더 열심히 일하고 책임을 다할 거라는 믿음을 갖고 있기 때문이다.

공사를 맡는 협력업체와 만날 때에도 항상 밝게 웃는 것을 기본으로 한다. 고자세로 뻣뻣하게 굴기보다 "저와 우림이 필요한 일이 있다면 손발이 되어 뛰어 드리겠다"라고 하면서 먼저 어깨를 푼다. 항상 배우려고 하는 자세로 대화를 하니 협력업체에서 먼저 도와주려고 다가오는 경우도 많다. 비즈니스에서 적보다 아군이 많은 사람이 성공하는 것은 당연하다.

심영섭 대표의 집무실에는 간부 회의용 원탁이 있는데, 그 중 상석인 자신의 의자를 가장 낮게 조절하고 다른 사람들의 의자는 자신의 것보다 상대적으로 높게 한다. 그렇게 하면 회의 때 다른 간부들이 자신을 내려다보는 것처럼 되어, 심리적으로 긴장감을 없애고 조금 더 편하게 말을 하도록 유도하기 위해서다. 만약 누군가 의자를 같은 높이로 조정했다면 회의 전에 눈치 채지 못하게 살짝 의자를 내려앉는다. 조금 더 자신감 있는 위치에서 의견을 발표하도록 배려하는 심영섭 대표의 아이디어다. 의자를 높여서 직원들의 자신감도 상승시킨다는 발상의 전환이 참 놀랍다.

Part 2

목소리 다듬기

좋은 목소리는
사람을 끌어당긴다

웃는 얼굴은 대화를 행복하게 한다

▌ 99퍼센트의 단점을 덮는 1퍼센트의 웃음

네 살배기 아이는 하루 평균 사백 번 미소를 짓거나 웃는다. 하지만 서른다섯 살 정도가 되면 그 수치는 뚝 떨어져 하루에 겨우 열다섯 번 정도가 된다. 사실 그 정도라도 그나마 양호한 편이다. 우리나라 사람들은 대체로 웃음에 인색한 편이다.

표현하는 것보다 감추는 것을 미덕으로 여기니 참 이상하다. 남자가 웃음이 많으면 남자답지 못한 것으로, 여자가 웃음이 많으면 가볍다는 것으로 여겨진다.

나는 웃음은 참을 수 있는 게 아니라고 생각한다. 강물이 물길을 따라 흐르듯, 웃음도 순리대로 흘러야 하는 게 아닐까? 적어도 나오는 웃음은 그대로 두자. 웃음은 더 크게 열고 더 크게 발산하면 좋은 일이 생기는 플러스의 기운이다.

우리들의 표정은 얼굴에 그대로 드러난다. 당연한 말이지만, 손이나 발에는 나타나지 않는다. 오직 얼굴만 가능하다. 눈과 입과 안면 근육의 미세한 움직임으로 표정이 만들어진다는 것을 생각해보니 새삼 신기하기까지 하다.

얼굴이 만들어내는 여러 가지 표정 중에 '웃음'은 '즐거움'이나 '기쁨', '행복' 등을 드러낸다. 웃음은 소리 내지 않고 빙긋이 웃는 미소(微笑)가 될 수도 있고, 목젖까지 보이는 호탕한 홍소(哄笑)가 될 수도 있으며, 바닥을 뒹굴며 자지러지는 폭소(爆笑)가 될 수도 있다.

사람마다 다르게 나타나기도 한다. 하루 종일 웃는 모습을 하고 있을 만큼 웃음을 달고 사는 사람이 있는가 하면, 한 달에 한 번 웃는 모습을 볼까 말까 한 사람도 있다. 우리나라 사람들 중 절반 이상이 거의 후자에 가깝지 않을까? 웃는다고 해도 속에서 우러나는 진짜 웃음이 아니라 입으로만 웃는 가짜 웃음도 넘쳐난다.

웃음이 부족하다는 것은 근본적으로 무언가가 결여된 것은 아닌지 의심해봐야 한다. 돈이 없으면 영화를 보거나 식료품을 사는 등의 소비생활을 하지 못하는 것처럼, 마음에 웃음의 씨앗이 없어서 웃지 못하는 것일지도 모른다. 단, 웃음이 때와 장소를 가리지 않고 지나친 것은 문제가 된다. 조용한 회의실에서 크게 웃거나, 웃어야 할 자리가 아닌데 웃음이 터져 나오는 사람은 너무 헤프거나 모자라 보일 수 있으니까.

웃음을 효과적으로 활용하면 비즈니스와 인간관계에서 놀라운 효과를 경험할 수 있게 된다.

초면인 상대와 마주보고 회의를 하거나 미팅을 갖게 되었을 때, 어느 한 쪽에서 웃기는 이야기를 해서 큰 소리로 함께 웃고 나면 긴장이 단숨에 풀린다. 어느새 없던 친밀감도 생겨난다.

친구나 애인과 아주 사소한 다툼으로 등 돌리고 손톱을 세우며 싸울 때, 갑자기 웃음이 터지면 대책이 없다. 화를 내야 하는 상황에 웃음이 터져서 내가 왜 화를 내고 있었는지 잊어버리기도 한다.

▌긍정적인 마인드와 웃음

세상 사람을 잘 웃는 사람과 잘 웃지 않는 사람, 단 두 가지로 분류한다면 당신은 어느 쪽인가? 이 질문에 대한 기준을 마련해주는 간단한 실험을 해보자.

현재를 기준으로 가장 가까운 과거부터 어린 시절까지의 사진들을 훑어본다. 무표정이거나 새침한 표정이 많은지 아니면 살짝 미소 짓거나 활짝 웃는 모습의 사진이 많은지 앨범을 넘겨가며 확인해보

자. 웃는 표정과 무표정, 화난 표정을 각각 분류해두자. 그리고 당신이 최고라고 생각하는 베스트 사진을 선정해보자. 자, 그 사진 속의 당신은 환하게 웃고 있는가?

웃는 모습이 예쁘지 않아서 미소 짓기를 포기하거나 별로 내켜하지 않는 사람도 있다. 이런 습관은 평소의 생활에도 그대로 나타난다. 웃는 표정을 좋아하고 웃음 짓는 것이 자연스러운 사람은 평소에도 그 모습을 그대로 표출한다. 반면 웃는 표정에 자신이 없는 사람이라면 평소에도 웃는 모습에 자꾸 신경이 가서 웃기 어렵다. 간혹 웃는 모습이 형편없게 나온 사진을 보면 그 이후로는 한동안 카메라 앞에서 미소를 닫아버리기도 한다. 그러나 웃는 모습이 맘에 들지 않더라도 웃어라!

장담컨대 웃는 얼굴이 더 못난 사람은 단 한 사람도 없다. 누구나 웃지 않는 딱딱한 표정보다 살짝이라도 웃음 지는 얼굴이 더 매력적이다. 기분 좋게 웃는 얼굴은 열 마디의 말보다 많은 것을 보여준다. 상대방으로 하여금 안심하게 만들고, 마음을 열어 다가오도록 해준다. 대화의 분위기도 좋게 하고 더욱 친근한 관계로 발전시켜준다.

미소가 생활화된 사람의 경우 삶의 태도도 긍정적인 경우가 많다. 긍정적인 마인드가 웃는 얼굴로 표현되고, 웃는 얼굴은 다시 긍정적인 마인드를 만들어 유익한 순환이 이루어지게 한다. 그러므로 웃음을 포기한다는 건 스스로에게 엄청난 손해다.

방송계에 웃음 대화법의 표본이라고 할 수 있는 기분 좋은 여자가 있다. 눈웃음으로 10분 만에 모든 남자를 사로잡는 여자, 바로 이효리 씨다.

그녀는 사람을 기분 좋게 만드는 웃음을 갖고 있다. 가식적이지 않고 넘치지 않게 적당하면서도 친근하다. 게다가 재치 있는 말솜씨와 털털한 성격이 웃음과 조화를 잘 이룬다. 만약 그녀에게서 웃음을 뺀다면 아마도 꽤 섹시하고 매력적인 가수라는 건 인정하지만 인간적인 매력과 호감도는 덜 했을 것이다. 그녀는 웃음으로 먼저 상대를 제압한다. 당신도 텔레비전을 통해 그녀의 눈웃음에 압도된 경험이 없었는지 곰곰이 떠올려보라. 우리나라 CF 모델 중 가장 광고 효과가 뛰어난 모델에 그녀가 1위로 뽑혔다. 그 비결도 10분 만에 사람을 사로잡는다는 특유의 눈웃음 때문이라고 한다.

그렇게 섹시한 눈웃음이 매력적인 그녀가 만약 도도한 성격을 가졌다면 어땠을까?

아무래도 지금과 같이 털털하고 솔직한 성격이 없었다면 백만 불짜리 눈웃음도 상당히 가식적으로 여겨졌을 것이다. 어린 시절부터 왈패 같은 성격에 남자 친구들과 주로 어울렸을 정도로 그녀의 천성은 다소곳하다거나 새침한 것과는 거리가 멀었다. 힙합바지와 헐렁한 티셔츠를 좋아하던 그녀였기에, 우리에게 공개된 환상적인 S라인이 더욱 매력적으로 비춰지는 것이 아닐까. 그녀의 웃음에서 있는 그대로의 이효리가 보이기 때문에 사랑하지 않을 수 없다.

웃음을 통해 비호감에서 호감으로 변신한 사람도 있다. 신기할 정

도로 얼굴에 웃음을 달고 사는 노홍철 씨. 표정 없는 얼굴이 어색할 정도로 그는 언제나 웃는 얼굴을 하고 있다. 방송에 처음 그가 등장했을 때는 '왜, 저런 컨셉트를 잡았을까' 하는 의구심마저 들 정도로 독특했다. 극도로 과장된 표정과 지나치게 튀는 행동 덕분에 호감보다는 비호감 쪽으로 먼저 다가왔던 것도 사실이다.

그런 그가 여러 프로그램을 통해 자신의 트레이드마크인 '스마일 마스크'를 노출하면서, '항상 오버하는 사람'에서 '항상 긍정적인 사람'으로 점차 변모해갔다. 그는 대학교 때 '닥터 노 클리닉'을 만들어, 성격에 문제가 있는 친구들에게 돈을 받고 성격 개조를 해줬을 만큼 즐거운 삶을 개척해가는 타입이었다. 나름대로 핸섬하고 톡톡 튀는 패션 스타일에 여행사를 직접 만들어서 경영을 하는 괴짜 같은 모습은 또 어떤가. 대학 재학 시절부터 학교에서 모르는 사람이 없었을 정도로 유명했다고 한다. 그의 하루하루는 운명에 맞서 싸우는 도전의 연속이었지만, 그는 모든 도전을 긍정적인 마음으로 즐겁게 받아들였다. 웃음은 그의 생활이자 삶의 모토였던 것이다.

마음에 웃음이 없으면 얼굴에도 웃음을 짓기 어렵다. 억지로 웃음의 표정을 만드는 것도 상당한 스트레스이다. 그런 웃음은 엄밀히 말해 '웃음'이 아니다.

웃음은 상대방에게 얼굴을 통해 보이지만, 그 순간 웃음의 파동은 상대의 온몸으로 일사분란하게 전달된다. 웃음은 급격한 호흡 운동이다. 짧고 강한 경련이 반복되면 흉부가 공기로 팽창하게 되고 혈

액의 순환이 빨라진다. 이때 자극을 받은 내장의 기능은 강해지고 몸 전체의 기능과 순환도 원활하게 돕는다. 신경의 변화 뿐 아니라 육체적인 복합적 메커니즘이 웃음과 연관되어 있다.

행복해서 웃는 게 아니라, 웃다 보니 행복해지는 것이다. 중요한 것은 긍정적 마인드다. 긍정적으로 생각하면 웃음은 절로 나온다.

재미있는 코미디 프로나 영화를 보면서 나도 모르게 내용에 몰입해 배꼽이 빠져라 웃어본 경험이 다들 있을 것이다. 웃음 바이러스가 내 코로 스멀스멀 기어들어와 온몸을 간지럽게 하여 눈물 콧물까지 짜내며 바닥을 뒹굴고 웃는다. 그 기분을 소중하게 기억해두자.

누군가의 마음을 간질이는 것처럼, 우리의 일상도 항상 웃음이 가득 찰 수 있다면 당신은 언제 어디서나 사랑받는 사람이 될 것이다. 천성이 우울하거나 분위기 잡는 사람과의 만남은 시작되기 전부터 왠지 불편하다. 반대로 얼굴에 웃음이 가득하고 긍정적인 사람과의 만남은 여러 날을 기대하게 만든다.

맛있는 디저트 6

웃음은 모든 것을 무장해제시킨다.
거울을 보며 늘 웃는 연습을 하자.

애교는 힘도 되고 독도 된다

여자가 싫어하는 여자 타입

여자들 사이에서 최악인 부류는 남자와 여자 앞에서 태도가 각각 180도 변하는 스타일이다. 이들의 특징은 동성 사이에서는 굉장히 까칠한 성격으로 소문이 자자하지만, 이성들 사이에서는 '천생 여자'로 선망의 대상이 된다는 점이다.

이들의 이성 관리 필살기는 목소리에서 시작된다. 눈은 45도 각도로 살짝 도도하게 내리 깔고 코 평수가 1.5배쯤 확장되는 순간 옥구슬 굴러가는 영롱한 목소리를 낸다. 동성들 사이에서는 상상도 할 수 없는 애교스러운 목소리가 남자들에게는 어필하게 된다.

하지만 애교가 밉지 않게 적당하면 누구에게나 사랑 받을 수 있는 강력한 무기가 된다.

'밉지 않다'와 '밉다'의 구분이 너무 모호하다고 생각된다면 이렇게 구분하자. 어느 조직마다 꼭 있는 '꼴불견 그녀'는 애교에 '목적의식'을 갖고 있다. 그녀는 애교를 이성에게 잘 보이려고 할 때와 자신을 포장할 때 이용한다. 팀의 분위기를 살리는 데 일조하는 애교만점 그녀는 자신을 위해서가 아니라 '상대를 위해' 애교를 사용한다. 기분이 좋지 않은 동료를 응원하거나 싸한 분위기를 쇄신하기 위해 애교 필살기를 날린다.

현영의 콧소리를 우리는 싫어하지 않는다. 그냥 있는 그대로의 그녀를 받아들인다. 그녀의 애교에는 우리가 상상하는 '목적'이 없기 때문이다. 스스로를 있는 그대로 드러내고 있다고 자연스럽게 이해시킨다. 애교로 자신의 신분을 상승시키는 것이 아니라 오히려 우스꽝스럽게 포장해버리기 때문이다. 위선을 벗어버리고 '예쁜 척'하고 '애교 있는 척'하는 자신을 과감하게 스스로 풍자하면서 같이 웃자고 대중을 부추긴다. 그래서 밉지가 않다. "나는 사랑스럽고 귀여운 여자예요"가 아니라, "나 이렇게 행동하는 거 너무 웃기지 않아요?"라고 말하는 것 같다.

"여자의 적은 여자"라는 말이 있다. 한 설문에서 여성 직장인 1,500여 명을 대상으로 조사한 결과, 86.5퍼센트가 "여자의 적은 여

자라는 말에 공감한다"고 응답했다. 그 내용으로는 '여자 동료가 자기에 대해 험담할 때', '동료를 믿고 비밀을 말했는데 소문이 났을 때', '여자 상사가 중요한 업무를 남자 직원에게만 시킬 때', '여자 팀장이 여사원들을 무시할 때' 등이었다. 실제로 여자 직원의 비율이 높은 조직에서는 서로가 서로를 헐뜯고 이간질하는 일이 비일비재하게 발생한다. 물론 남자 직원들도 그런 사람들이 있다. 그러나 여성에 비해 사회화의 욕구가 더 강한 남성들 대부분은 뒤에서 욕하더라도 철저하게 업무상 실리를 따지는 편이다. 반면 여자들의 경우 개인적인 감정을 업무에 끌어오는 것을 자주 본다.

만약 조직 내에서 여자 직원과 여자 상사가 동지적인 차원에서 툭 터놓고 서로 밀고 끌어당기는 모습을 보여준다면 "여자의 적은 여자"라는 말은 사라질 것이다.

상대방을 기분 좋게 만드는 부드러운 느낌

애교는 속에서 우러나와야 한다. 그 사람 자체가 애교가 되어야 한다는 말이다. 교태와 애교를 혼동하지 말자.

애교는 사랑스러운 행동, 자체를 의미한다. 그러므로 애교는 고의적으로 이루어질 수도 있으나 그것이 나보다는 상대를 위해서 행동할 때 인정된다. 나를 드러내기 위해 하는 것은 교태, 상대를

81

기분 좋게 하기 위한 것은 애교, 이 정도 구분을 지어두면 어떨까? 애교란 바로 '당신의 진심을 전달하는' 고유의 표현력이다.

애교를 무기로 성공한 유명인은 셀 수 없이 많다. 유재석 씨의 애교는 사람들을 안심하게 만드는 자기낮춤의 애교다. 스스로를 비하하고 제물로 삼으면서 사랑스러움을 느끼게 만든다고나 할까? 최화정 씨의 애교는 캔디처럼 달콤하고 시트러스 향기처럼 톡 쏘는 생동감의 애교다. 함께 있으면 에너지가 충전되는 기분이 드니까.

이들의 공통점은 바로 부드러움이다. 까칠하지 않고 부드러운 마음결, 그것이다. 웃음을 잃지 않고 대화를 유연하게 이끌어가는 조용한 힘이 느껴진다.

사랑스러워지는 게 부드러워지는 것이라고 생각한다. 톡톡 쏘며 스스로 부아를 올리고 항상 불만에 가득 찬 사람을 누가 사랑해줄까? 당신의 대화가 부드러워지는 순간, 마법처럼 사랑스러움이 찾아올 것이다.

사랑받지 못함을 탓하기 전에, 당신이 가진 사랑의 기술을 사용해보라. 최대한 부드럽고 따뜻하게 마음을 데우자. 내 마음이 부드러워져야 다른 사람에게도 부드러울 수 있다.

 맛있는 디저트 7

가식적으로 사랑을 구걸하지 말라.
조금 더 따뜻해지는 것만으로도 당신은 충분히 애교스럽다.

마음을 여는 목소리를 내라

자기 목소리에 귀 기울이자

말의 60퍼센트가 표정이고 33퍼센트가 목소리인 반면, 불과 7퍼센트만이 내용이라고 한다. 무려 93퍼센트가 내용과는 별개인 사람의 이미지에서 결정이 난다는 것이다. 이 중에서 관심이 가는 것이, 내용보다 중요하다는 33퍼센트의 목소리다.

사람의 목소리는 말하면서 내 귀로 들리는 목소리와 다른 사람에게 들리는 목소리가 다르다. 본인의 목소리를 들을 때는 귀를 통해 듣는 것에다 발성기관에서 뼈를 통해 청각세포에 도달하는 소리까

지 포함되어 있다. 그런데 다른 사람이 내 목소리를 듣게 되는 경로
는 단순히 공기를 통해서이다. 그럼 진짜 내 목소리는 어떤 걸까?

아무래도 다른 사람에게 들려지는 목소리가 진짜라고 생각한다.
목소리란 것이 결국은 상대방에게 도달하기 위한 도구이니 말이다.
나는 방송을 통해 나오는 내 목소리를 모니터링할 때의 첫 느낌을
아직도 잊지 못한다.

'어머나! 이 생경한 느낌이라니. 진짜 내 목소리 맞나?'

마치 다른 사람의 목소리를 더빙한 것처럼 매우 낯선 목소리가 들
려왔다. 그리고 조금은 실망스러웠다. 정말 이 목소리가 내 목소리
란 말이야? 어느 것이 더 좋고 나쁨을 떠나서 평소에 내 귀로 들려
오던 그 목소리와 너무 다르잖아!

방송이 회를 거듭하자 나 스스로도 내 목소리에 익숙해지기 시작
했다. 내 목소리에 대해 점점 객관적이 되어간다고 할까? 내가 말하
면서 듣는 내 목소리보다 라디오 모니터링을 하면서 듣는 목소리에
훨씬 더 신경 쓰게 되었다. 조금 더 좋은 목소리를 내고 싶다는 욕망
을 품게 된 건 바로 다른 사람에게 들리는 내 목소리를 인지하고 난
그때부터이다.

물론 스튜디오는 많은 사람이 경험하기 어려우며 나 이숙영과 몇
몇 진행자, 가수 등의 특별한 실험실이다. 그렇다고 실망하지는 말
것. 당신도 미니 스튜디오를 만들어 실험해볼 수 있다.

간단하게 양동이를 머리에 뒤집어쓰고 소리를 내는 방법이 있다.

조금은 무식한 방법이지만 즉시 알아낼 수 있다. 직접 라디오 DJ가 된 기분으로 녹음기에 멘트를 녹음해도 좋다. 하지만 무엇보다도 가장 손쉬운 방법은, 휴대전화에 있는 동영상 기능을 활용하는 것이다. 별도의 준비물 없이도 지금이라도 바로 실행에 옮길 수 있다.

당신의 목소리를 들을 기회가 생기면 처음의 낯설음을 극복하고 주의 깊게 들어보라. 그 목소리에 익숙해지면서 자신감을 가질 수 있도록 훈련을 해보는 거다.

나는 다행히 선천적으로 그리 나쁘지 않은 목소리를 타고났다. 지금도 많은 사람의 아침을 열어주고 있는 것을 보면 후천적 노력도 그다지 낙제점은 아닌 모양이다. 솔직히 '좋은 목소리'는 분명 존재하지만, '나쁜 목소리'가 특별하게 존재한다고는 생각하지 않는다.

칼날을 매섭게 세우는 것은 칼자루의 무늬가 아니라 밤새워 칼을 간 정성과 열정이다.

각자가 가진 목소리를 얼마나 효과적으로 의사전달에 활용하고 갈고 닦는지가 중요하다. 라디오 방송에서는 오직 표현할 수 있는 수단이 목소리 하나뿐이므로 나 나름대로는 그 소리를 가꾸기 위해 세심한 노력을 한다. 감기에 걸리지 않도록 주의하고 목에 무리가 가지 않도록 조심한다. 목소리 자체를 바꾸려고 노력하는 것은 아니다.

작지만 반복적인 노력들이 목소리에 보태진다. 내가 내 목소리를 듣고 다시 목소리를 내는 과정을 반복하면서 상황에 적절한 톤과 뉘앙스를 수정하기도 한다.

내게 목소리가 가장 좋은 연예인이나 방송인을 꼽으라면 한석규, 이병헌, 유지태, 이금희 씨 등이 머리에 떠오른다. 얼굴보다 목소리가 먼저 생각나는 사람들이다. 선천적으로 목소리가 좋은 이 1퍼센트의 사람들은 행운아일까?

나는 그들이 행운아가 아니라 노력형 인간이라고 생각한다. 대부분의 사람들은 목소리를 갖고 태어난다.

내게 주어지는 목소리를 얼마나 내 것으로, 더 내게 어울리는 것으로 만들어 가느냐는 전적으로 노력 여하에 달려 있다. 가늘고 힘없는 목소리에 힘을 불어 넣고 싶다는 생각이 드는 순간, 하이톤의 목소리를 조금 진정시키고 싶다는 생각이 드는 순간, 더듬거리는 말투를 고치고 싶다는 생각이 드는 순간, 당신의 목소리는 서서히 변화하기 시작한다. 목소리는 연습을 통해 얼마든지 변모시킬 수 있다.

▌좋은 목소리로 훈련시키기

"목소리는 훈련을 통해 충분히 바꿀 수 있다!"

이 말은 당신의 목소리가 금방 아나운서의 목소리처럼 될 수 있다는 것은 아니다. 나와 다른 아나운서들도 아나운서가 되기 전에는 모두 비슷한 목소리를 가졌었다. 중고등학교 시절부터 "야, 너 아나

운서 해도 되겠다"는 소리를 들으며 자란 사람이 과연 몇이나 될까. 아주 특이한 목소리, 예컨대 지나치게 중저음이거나 하이톤이라거나 허스키한 사람만 아니라면 사람의 목소리는 다 거기서 거기다.

여러 사람의 목소리를 흉내 내는 개인기를 가진 사람이 어디 뱃속에서 나올 때부터 성대모사를 하고 태어났겠는가. 목소리를 좋게 내는 것은 전적으로 노력에 달렸다.

나도 지금은 워낙 말을 하는 직업이다 보니 하루하루 조금씩 더 나아지고 있다는 생각을 하지만, 처음부터 만족스러운 목소리를 가졌던 것은 아니다. 아나운서가 되고 싶다는 목표가 생긴 뒤부터 아나운서에 맞는 목소리로 스스로를 단련한 것뿐이다. 그렇다면 조금 거슬리는 목소리를 가지고 있거나 목소리에 콤플렉스가 있는 사람은 좋은 목소리를 가지기 어려운 것일까?

단지 소리를 이야기하는 것이라면 대답은 어느 정도 '예'이다. 하지만 대화는 단순히 귀에 들리는 음성에 좌지우지되는 것이 아니다. 그 목소리의 활용에 더 큰 의미를 두어야 한다고 생각한다. 허스키한 목소리로 아나운서 시험에 도전한다거나 저음의 목소리로 소프라노를 꿈꾸는 경우를 상상해보라. 타고난 목소리를 유리하게 활용하지 못하면 역효과를 본다. "안 되면 되게 하라"는 말이 있지만 정말 안 되는 일도 있다.

자꾸 바꾸려고 하지 말고 가지고 있는 것을 발전시키자. 내가 가지고 있는 목소리의 개성을 충분히 활용한다면, 당신의 목소리는 누구에게나 '좋은 목소리'가 될 수 있다.

박경림 씨의 경우 허스키한 목소리를 플러스 요인으로 잘 활용했다. 당시로써는 놀라운 역발상이었다. 목이 쉰 사람처럼 상당히 허스키한 그녀의 목소리는 잠깐은 매우 흥미로웠지만 '방송인으로 장수할 수 있을까'라는 의구심을 품게 했다. 그런데 웬걸, 그녀의 목소리에 우리가 익숙해져갔다. 점차 특이한 목소리는 그녀를 상징하는 아이콘이 되었고, 부드러운 목소리를 내는 박경림은 상상하기 어렵게 되었다. 모두 한결같이 방송에 어울리는 목소리를 낼 때 상식을 깨는 목소리로 차별화에 성공한 경우다.

'고도원의 아침편지'로 유명한 고도원 씨는 방송국으로 오는 자동차 안에서 호두를 입에 넣고 발음 연습을 했다고 한다. 타고난 목소리가 특별하지 않아도 누구나 이런 노력들로 충분히 목소리 개선에 성공할 수 있다. 아나운서나 성우의 목소리처럼 또박또박하고 명확한 것은 그저 여러 가지 목소리 가운데 하나일 뿐이다. 내가 가진 목소리 자체를 이용해서 업그레이드를 시도하는 편이 좋다.

당신이 얼굴과 피부에 공을 들이는 것의 반에 반만이라도 목소리에 신경 쓴다면 어떨까? 피부에 정성껏 팩을 하고 트러블 하나에도 세상이 뒤집힐 것처럼 호들갑을 떠는 그 관심 중 일부를 목소리에 투자해보자.

좋은 목소리를 만들기 위한 첫걸음은 목을 건강하게 지켜주는 것에서 시작된다. 목은 다른 기관보다 매우 예민해서 조금만 무리하거나 혹독하게 다루면 금방 티가 난다. 일상생활에서 목을 특별 관리해주는 노력이 필요하다. 피부에 물을 주듯 하루 여덟 잔 정도의 물을 마셔보자. 많이 마시는 게 좋다고 너무 오버하지는 말기를. 어떤 사람은 물이 몸에 좋다는 이야기를 듣고 물을 병째로 마셨다가 복통을 호소하며 병원으로 실려갔다는 애기도 있다. 아무리 좋은 것이라도 한꺼번에 많이 취하지 말고 조금씩 여러 번 하는 것이 낫다.

억지로 헛기침을 하는 것은 목에 무리가 간다. 크게 소리 지르는 것뿐만 아니라 너무 작게 이야기하는 것도 성대를 손상시킨다고 한다. 작은 목소리가 성대를 손상시킨다니 조금 의아하게 생각할지 모르겠다. 그런데 작은 목소리는 본인의 정상 목소리보다 목에 힘을 줘서 말하게 되므로 성대 근육에 무리를 준다. 여성의 경우 생리 전이나 임신 초기에는 호르몬 변화로 인해 성대가 붓게 되므로 쉽게 손상될 우려가 있다. 이때에는 말을 많이 하거나 노래를 하는 등 성대 자극을 피해야 한다.

날씨가 조금이라도 쌀쌀해지면 스카프로 목을 감싸고 다니자. 추운 날에 목을 머플러로 감싸면 훨씬 더 포근하고 따뜻함을 느낄 수 있다. 미온수를 자주 마시고 피곤하면 돼지고기를 먹고 깊은 수면을 취하는 것도 한 방법이다. 생리나 임신 중일 때 성대에 혈액이 뭉치게 되기 때문에 말을 많이 하거나 노래를 목청껏 부르면서 목을 자극시키는 것은 좋지 않다.

가수에게 목소리는 생명과도 같다. 콘서트의 황제라고 불리는 이승철 씨도 콘서트를 앞두고는 절대 모임을 갖지 않는다고 한다. 본의 아니게 술을 먹게 되는 상황을 미연에 방지하기 위해서다. 놀라운 프로 정신! 목소리에도 굳이 프로와 아마추어를 따지자면 프로의 기준은 노력과 정성이 아닐까 싶다.

▍정확하고 또렷한 목소리

편안하고 지적인 목소리, 경쾌하고 해맑은 목소리, 저음의 중후한 목소리.

사람마다 목소리에는 고유의 색깔이 있다. 그런데 그 목소리의 색깔이 제대로 상대방에게 전달되지 못한다면 어떨까? 정확하게 전달하지 못하면 제 빛깔을 선명하게 보여줄 수 없으며, 나를 제대로 알리기 어려워진다.

일반적으로 상대와 몇 마디 나눠보면 그 사람이 어떤 사람인지 알 수 있다. '좋다', '좋지 않다'로 판단하는 말투의 기준은 바로 얼마나 또렷하게 내 의사와 느낌을 전달하느냐로 결정된다. 목소리가 좋은 사람이나 좋지 않은 사람이나 저음의 사람이나 하이톤의 사람이나 중요한 것은 '전달력'이다.

아무리 좋은 목소리라도 의사표현이 어색하면 내가 가

진 느낌을 전혀 다른 색깔로 오해할 수 있다.

　말의 속도나 리듬도 중요하다. 60초 동안 몇 마디의 단어를 말하는가, 속도를 늦추고 낮추는 기교가 좋은가에 따라 말의 전달력은 얼마든지 달라질 수 있다. 누군가와 대화하는 현장을 녹음기나 동영상 등으로 담아 스스로 연구해 보도록 하자. 내 말이 상대방이 이해하는 속도보다 너무 앞서가지는 않는지, 입장을 바꿔놓고 들었을 때 또렷하게 귀에 들어오는지를 말이다.

　필립 체스터필드의 책《내 아들아 너는 인생을 이렇게 살아라》에 이런 구절이 나온다.

　　너도 어느덧 커서 이제는 자기주장을 펼 줄 아는 아이가 되었구나. 네가 자기주장을 가질 정도가 되었다면 주장을 남에게 표현할 줄도 알아야 한다. 사람들은 그것을 대화라고 하지. 그렇다면 어떻게 해야 말을 잘할 수 있을까? 네가 하고 싶은 이야기를 꾸밈없이 사실 그대로 전하는 것이 말을 잘하는 걸까? 그건 아니란다. 다른 사람의 마음을 붙잡기 위한 말하기는, 또렷하고 정확하며 힘찬 말투로 얼굴 표정이나 몸짓 등을 적절히 사용하여 말하는 것이란다. 그렇다고 일부러 부풀려서 말하라는 것은 아니다. 단지 말을 듣는 사람이 쉽게 이해하고, 네 말에 집중할 수 있도록 하는 것이 중요하단다. 책을 읽다가 좋은 말이 나오면 그것을 기억해두었다가 대화에 이용하는 것도 좋은 말하기 방법이란다. 이때 그 말을 그대로 이용하기보다는 너만의 말투로 바꾸어 말해야 한단다. 그래야 진짜 자기만의 말하기 방법이 될 테니까.

세상의 모든 아들뿐 아니라 모든 딸들도 함께 새겨 들어야할 좋은 조언이라고 생각한다. 저자도 또렷하고 정확하게 말하는 것의 중요성을 강조하고 있다.

내가 진행하는 아침 방송에서 매주 유머를 소개하는 코너를 진행하고 있는 개그우먼 장미화 씨. 그녀는 감탄스러울 만큼 뛰어난 언어구사력의 소유자이다. 적절한 단어의 사용과 풍부한 어휘력이 일품이다. 그럼 그렇지, 전공이 국어학이란다.

대개 유머러스하고 다변인 여성은 자칫 '수다스러움'의 함정에 빠질 수 있다. 오히려 말수가 적은 사람에 비해 본전도 찾지 못하는 경우가 허다하다. 그녀는 분명 개그우먼의 피가 흐르는 익살꾼이고 청산유수처럼 말을 많이 하는 편이지만, 한 번도 수다스럽다는 느낌을 받은 적이 없다. 그것은 그녀가 말을 어눌하게 하거나 실수를 해서 웃음을 주는 타입이 아니기 때문이다. 오히려 그녀의 말은 새벽에 울리는 풍경소리처럼 청명하고 짱짱하다. 군더더기 없이 화선지를 물들인 날렵한 난처럼 세련되고 단정하다는 인상을 주곤 한다. 마치 그녀가 사용하는 단어와 문장 속으로 흡수되어버리는 느낌이랄까.

그녀는 방송에서 재미있는 이야기를 소개하며 일인다역으로 직접 목소리 연기를 하는데, 역할마다 생생함을 주는 것은 물론 발음도 정확하다. 주어진 역할, 내야 할 목소리를 또렷하고 곧게 발음하여 귀에 쏙쏙 들어오는 감칠맛 나는 대사로 만들어낸다.

그녀가 살짝 알려주었던 '목소리가 좋아지는 방법'을 여기서 공개하겠다. 다양한 경험과 여러 책을 통해 익힌 그녀만의 노하우를 따라가보자.

먼저 불안한 목소리에 안정감을 실어 정확하게 말할 수 있는 방법은, 새어나가는 호흡을 모으는 것이다. 깨끗한 손수건을 말아 입 안에 넣은 다음 나무젓가락이나 볼펜 등을 가로로 물고 혀끝으로 밀어내는 모양을 한 채 소리를 내본다. 이 상태에서 낮은 음이나 높은 음의 다양한 소리들을 내는 연습을 한다.

힘 있고 또렷하게 말하는 방법은 호흡 조절로 가능하다. 페트병을 준비하고 입구 부분을 입 안에 넣은 후 '가갸거겨 나냐너녀' 등을 발음해본다. 발음을 정확히 하는 것보다 호흡이 새어 나가지 않고 모이도록 주의하며 발음하는 것이 관건이다. 신문 사설을 큰소리 내어 읽어도 목소리 훈련에 많은 도움이 된다.

목소리는 성대가 진동하면서 나는 소리다. 악기도 현과 관을 잘 청소하고 관리해야 맑고 영롱한 소리를 내듯, 사람의 성대도 마찬가지다. 성대의 점막이 촉촉한 상태를 유지해야 진동도 원활하고 목에 무리도 가지 않는다. 앞에서 말했듯이 하루에 물을 조금씩 자주 마셔주는 것이 성대를 촉촉이 유지하는 데 도움이 된다. 찬물보다는 미지근한 물을 마시는 것이 좋다.

목소리가 좋아지는 비법에 항상 빠지지 않는 것이 복식호흡이다. 숨을 깊이 들이마시는 복식호흡은 가슴으로 호흡하는 것보다 공기를 30퍼센트 더 흡입할 수 있다고 한다. 결과적으로 성대로 가해지는 공기의 압력이 높아지기 때문에 좀 더 쉽게 소리를 낼 수 있다. 복식호흡은 어쩌면 물리적으로 목소리를 가꿀 수 있는 유일한 운동일 수 있다.

맛있는 디저트 8

내가 가진 목소리는 내 몸의 일부와 같다. 손이 못생겼거나 다리가 짧다고 해서 그 손과 다리를 포기할 수 없는 것처럼, 목소리는 당신의 아주 중요한 부분이다. 얼굴을 가꾸고 몸매를 관리하면 미인이 되듯이 목소리도 노력하면 좋아질 수 있다.

필요한 말을 하자

과속하는 말에는 브레이크를

말을 잘하는 것이 어려운 이유는 그 수위조절에 있다. 유창한 말솜씨를 갖고 있더라도 자칫 수다스러운 사람으로 비춰질 수 있다.

말을 정말 잘하는 사람은 대화에 리듬을 탈 줄 안다. 타이밍 좋게 치고 나가야 할 때와 잠자코 가만히 있어야 할 순간을 육감적으로 알아챈다. 적재적소에 재치 있는 언변을 뽐내는 사람은 좋은 이미지를 줄 수 있지만, 불필요한 말로 분위기를 어색하게 만드는 사람은 급격히 비호감의 이미지가 될 수 있다.

말을 잘하는 것과 말이 많은 것과는 엄연히 다르다. 가장 큰 차이는 전자의 경우 말이 꼭 필요한 경우에 최대의 능력을 보여주는 반면, 후자는 시종일관 그저 그런 이야기들만 늘어놓는다는 것이다.

어느 회사의 회식자리에서 생긴 일이다. 회식을 하는 호프집에 미모가 뛰어난 여종업원이 있었다. 그녀의 마음을 누가 먼저 사로잡을 수 있을지 직원들끼리 내기를 했다. 한 직원은 잽싸게 밖으로 달려가 장미꽃 한 다발을 들고 와서 그녀에게 건넸다. 그런데 그녀는 당황했는지 꽃을 받기를 완강히 거부했다. 말재간이 좋은 한 직원은 그녀와 농담 따먹기를 하며 은근한 데이트 신청을 건넸지만 역시 거절당했다. 그런데 그들 중 단 한 사람, 그녀의 관심을 끈 이가 있었다. 그녀의 마음은 그에게 꽂혔다. 그는 누구였을까? 그는 다름 아니라 아무런 말도 하지 않고 그 자리에 가만히 앉아 술을 마시고 있던 고독남이었다.

소개팅 자리나 이성 간의 만남에서도 말이 지나치게 많은 사람은 분위기만 띄우는 데 일조할 뿐, 정작 본인의 실속은 못 차리는 경우가 허다하다. 너무 많은 말을 해버리면 진심을 나눌 기회가 사라진다. 어색한 분위기를 깨기 위한 유머도 타이밍과 빈도수가 적절해야 한다. 가벼운 농담을 대화하는 내내 듣고 있어야 한다고 생각해보라. 말을 독점하는 사람은 상대방을 피곤하게 만든다.

'촐싹거림'이나 '수다'가 지나치면 대화에서 마이너스 요인이 된다. 친구들과 모여서 스트레스 해소용으로 떠드는 수다가 아닌 이

상, 버릇처럼 대화에 끼어드는 행동은 자제하자. 수다에도 전략이 있어야 한다. 눈치껏 화제를 고르고 센스 있게 말의 강약을 조절할 필요가 있다.

여성이 남성을 평가할 때는 '말수'에 굉장히 민감하다. 말이 많은 남성은 말이 많은 여성에 비해 평가절하된다. 남자는 근엄해야 한다거나 남자는 묵직해야 한다는 옛말을 굳이 들먹이지 않더라도, 혹은 그 말에 반기를 들더라도, 말 많은 남자가 인기 없는 것은 사실이다. 특히 '말만' 많은 남자들은 더더욱 그렇다.

남성이 보는 여성의 수다는 또 어떨까? 이때도 수위 조절이 관건이다. 곰 같은 며느리보다 여우같은 며느리가 사랑받는다. 여자의 수다는 충분히 활용할 만한 가치가 있다. 단, 시의적절한 타이밍과 센스가 뒷받침해 준다는 가정하에.

방송에서 오랫동안 '말 잘하는 ○○○'의 이미지를 고수하고 있는 여자들 대부분은 공교롭게도 라디오 DJ쪽에 포진되어 있다. 최화정, 정선희, 김원희 씨, 이 세 사람의 공통점이라면 말의 타이밍이 적절하다는 것이다. 언제 어디서 어떤 상황에서 그 말을 하면 웃음을 줄지, 감동을 줄지를 경험으로 알고 있다. 입을 통해 나오는 모든 말이 주옥같을 수는 없지만, 어색하거나 썰렁한 말은 되도록 쏟아내지 않는다. 이들은 그런 면에서 '긍정적 수다'를 내뿜는 대표적 인물이라고 생각된다.

수다에서도 '센스 오브 수다'를 발휘할 필요가 있다.

여고를 거쳐 여대를 나와 말을 직업으로 하는 내게 수다는 필연적으로 삶과 결부되어 있다. 때때로 여자들에게 소화제보다 시원하게 속을 풀어주는 명약이 바로 수다이다. 나는 수다 예찬론에 거부감을 가진 사람은 아니지만 남을 헐뜯거나 비생산적인 수다는 반대한다. 수다 자체가 정보교류의 장이 되고 의사소통의 장이 된다면 금상첨화겠지만, 우리가 나누는 수다 대부분은 우려하는 것처럼 소위 '뒷담화'가 대부분이지 않은가.

상대방을 헐뜯는 것은 중독이다. 술이나 마약에 중독되는 것처럼 순간에는 통쾌하고 짜릿할지 몰라도 시간이 지날수록 병드는 것은 자신일 수 있다. 실컷 비난하고 나면 속이 후련해질 것 같지만, 정작 그것으로 변화되는 것은 거의 없다. 내 고민과 미움의 감정만 자꾸자꾸 커갈 뿐이다.

당신의 일터에서 수다의 대마왕을 뽑아보라. 혹시 당신? 그 수다는 회사나 스스로에게 얼마나 긍정적인 효과를 가져다주었나? 혹은 얼마나 부정적인 결과를 가져다주었나? 기억이 잘 나지 않는가?

빈 수레는 항상 요란한 법이다. 짐을 가득 싣고 언덕길을 오르는 수레는 묵묵히 오로지 제 갈 길을 간다.

"이건 비밀인데…"로 이야기를 시작하는 사람은 나중에 내 비밀도 또 다른 누구에게 털어놓을 사람이다. 화자에 대해 불안감을 느끼게 되고 '아, 나도 내 속마음을 털어놓으면 이렇게 소문이 나겠구나'라고 생각하면서 마음을 닫아버린다.

비즈니스에 성공하는 눈치코치

말이 많아지면 확률적으로 실수를 할 가능성도 올라간다. 적재적소에 말하지 못하면 차라리 말을 안 하는 것만 못한 상황이 되기도 한다. 비즈니스를 성공으로 이끄는 대화의 법칙 중 하나는 '눈치코치'이다.

대부분의 대화는 서로의 의견이 교류되고 '말하기'와 '듣기'가 반복적으로 일어난다. 상대방의 반응을 살펴야 하고, 대답을 듣고 그에 맞는 응대를 해줘야 한다. 눈치를 봐야 하는 것이다.

사적인 대화에서 눈치 없는 사람으로 찍히면 그만이지만, 비즈니스에서 어디 그렇게 끝나고 말 일인가? 눈치 없는 말로 신임을 잃었다면 프로젝트나 사업의 성공을 장담할 수 없게 되어 버린다.

방송계에도 눈치가 없어 곤란에 처하는 사례가 많다. 독불장군처럼 자기 스타일대로만 말을 쏟아내면서 다른 출연진을 곤혹스럽게 하거나 남의 치부를 건드려서 썰렁한 분위기를 연출하는 경우가 그렇다. 가끔 방송에서는 자신을 희화하고 웃음을 주기 위해 일부러 '센스 없음'을 캐릭터로 이용하기도 한다. 설정이 아닌 이상 원래 눈치가 없는 사람들 대부분은 방송계에서 오래 살아남기 힘들다. 자신이 속한 조직과의 비즈니스에서 실패하기 때문이다.

눈치껏 말하는 좋은 어법이란 어떤 걸까? 부드럽게 접근하면서도 가볍지 않게 말할 수는 없을까?

'쿠션언어'라는 것이 있다. 말하자면 말을 조금 더 부드럽게 꾸며주는 수식어구이다. 말의 핵심을 담고 있지는 않지만, 원래의 말을 근사한 말로 업그레이드 시켜 주는 말로, "죄송합니다만", "실례가 안 된다면", "번거로우시겠지만" 등 우리는 알게 모르게 이 쿠션언어를 일상생활에 빈번하게 사용하고 있다.

어렵지 않다. 부탁을 하거나 양해를 구할 때, 상대방의 처지를 고려하는 느낌을 갖게 하는 매우 사려 깊은 말 한마디를 건네는 것이다. 이것은 상대방에게 선택의 주체를 넘겨주면서 존중받는 느낌을 선물하는 좋은 방법이다.

일상적인 대화에서 뿐만 아니라 직장생활에서도 이 쿠션언어를 활용해보자. 상대방의 입장과 대화의 내용에 귀를 기울이면서 먼저 배려하고 그 사실을 숨기지 않고 표현해주는 것이다. "그렇게 하시려는 사장님 생각도 정말 훌륭하십니다만…"이라고 반론을 제기하면 훨씬 덜 공격적이 된다.

누군가의 칭찬을 받았을 때 지나치게 겸손하게 화답하는 것도 실례가 될 수 있다. 머리 스타일이 참 멋지다는 칭찬을 듣고, "아유, 이렇게 촌스러운 머리가 뭘요", "그래요? 난 이 머리가 마음에 안 들어서 미용사와 대판 싸웠는데요?"라고 말해버리면 상대방은 말문이 막힌다. 큰 실수를 했다는 생각이 들어, 다음 대화를 잇기도 전에 그 자리를 뜨고 싶을 것이다. 칭찬의 말을 들었을 때는 "정말요? 그런 말을 해준 건 ○○○ 씨가 처음이네요"라고 대답하거나 그냥 "고마

위요"라고 짧게 응답하는 게 더 낫다.

우리가 비즈니스 만남에서 자주 겪게 되는 상황 중 하나가 바로 첫 만남에서 서로 명함을 건네는 순간이다. 이때 그냥 무미건조하게 명함만 건네고 통성명을 하는 것보다 "아, 디자이너시구나. 어쩐지 이 회사 디자인이 좋더라고요", "구매부에 계신 분이라면 제가 잘 부탁드려야겠는걸요" 등의 간단한 인사말을 덧붙이면 서로 어색하지 않고 자연스럽게 인사를 주고받을 수 있게 된다. 누가 알겠는가? 나중에 이 한마디 인사말로 인해 비즈니스의 물고를 틀 수 있을지.

명함을 건네는 예절도 기억해두는 것이 좋다. 그 자체가 상대방의 인격이나 성품을 판단할 수 있는 작은 힌트가 된다. 우선 마음을 편히 갖자. 반드시 두 손으로 명함을 잡고 상대방에게 내 이름이 똑바로 보이도록 거꾸로 돌려 내민다. 이름과 회사명이 명함에 찍혀 있기는 하지만, 상대가 이름을 읽기 전에 "○○○에서 ○○팀을 맡고 있는 ○○○입니다"라고 바로 말을 해주는 것이 좋다. 명함을 동시에 주고받게 되는 경우는 지위가 높은 사람의 명함을 먼저 받는 것이 예의이다.

맛있는 디저트 9

눈치가 없는 사람은 느리다. 사람관계도 느리고 일의 성취도 느리다. 모두가 알고 있는데 자신만 모르고 있기 때문이다.
가만히 정면만을 봐서는 대화를 주도할 수 없다. 상황에 필요한 말을 골라내는 능력이 당신을 더 빛나게 해준다.

매 력

거부할 수 없는 특별함을 만들자

왠지 끌리는 이미지 만들기

《끌리는 사람은 1%가 다르다》라는 책이 베스트셀러가 됐고, 나 역시 그 책을 몇 권 사서 지인들에게 선물하기도 했다. 언뜻 생각해 보면 이 작은 1%가 얼마나 큰 차이를 만들어낼 수 있는지 의아하게 생각할 수도 있다. 작은 차이가 결과적으로 정말 큰 차이를 만들어 낼까? 우리가 일반적으로 겪게 되는 '한끝 차이'의 상황들을 예로 들어보자.

식당에서 밥을 먹을 때 서빙을 하는 사람들에게 어떤 호칭을 사용

하는가. "아줌마, 여기 좀 봐"하는 말이 서슴지 않고 나오는 사람은 인격을 의심하게 한다. 반면 "이모! 여기 반찬 좀 더 주세요"와 같은 표현은 호칭을 약간만 바꾸고 경어를 사용했을 뿐인데 어조가 훨씬 더 부드러워진다.

택시를 타고 내릴 때도 요금이 많이 나왔다고 불평하는 것과 "고맙습니다, 안전운전하세요"하는 것은 천지차이다. 전자의 경우 많이 나온 택시비 때문에 짜증이 나 있는 상태에서 얼굴까지 붉히게 되어 자칫 싸움이 일어날 수도 있다. 후자의 경우 택시비는 많이 나왔지만 한마디 건넨 말로 좋지 않은 상황과 화해함으로써 스스로 기분을 추스를 수 있다. 어찌됐건 택시비를 내야 하는 건 마찬가지니까.

손님이 왕이라고는 하지만, 주인을 낮추어 보는 손님은 푸대접을 받게 마련이다. 손님이 먼저 주인을 왕으로 대접하면, 메뉴에도 없던 서비스가 나오고 생각지도 못했던 덕담을 듣는다.

끌리는 사람들의 특징은 말이 자극적이지 않다는 것이다. 성격이 극단적인 사람은 한순간에 관심은 갖게 할 수 있지만, 오래도록 끌리는 사람으로 남기 힘들다.

나와 성격도 다르고 취미도 다른데 왠지 끌리는 친구를 만난 적이 있는가? 내 스타일이 아닌데도 자꾸 만나고 싶은 그런 이성은? 왠지 모르게 끌리는 것은 순간의 유혹보다 더욱 강력한 매력이다.

얼굴이 조각처럼 예쁘고 흠잡을 데 없는 여성은 모든 사람들의 시선을 사로잡는다. 그런데 오래 보면 금방 질리게 되고 얼굴 이외의 장점은 별로 드러나기 어렵다. 그런데 얼굴이 예쁘지도 않은데 보면 볼수록 매력적이라는 생각이 드는 얼굴도 있다. 일명 '볼매'라고 한다.

단순히 '미인'이라는 타이틀을 달고 있는 상투적인 얼굴이 아니라 왠지 모를 느낌이 있는 얼굴은 왠지 더 매력적이다. '코가 예쁘다', '눈이 크다', '입술이 도톰하다'처럼 눈으로 확인해서 확실해지는 매력은 유통기한이 매우 짧다. 반면 '분위기 있다', '섹시하다', '귀엽다', '친근하다', '사려 깊다'처럼 이유가 뭔지는 모르겠으나 왠지 마음이 가는 사람은 시간이 갈수록 맛있게 숙성되는 와인을 닮았다.

한 번에 사로잡기란 마음먹기에 따라 가능할 수 있다. 정말 어려운 것은 상대방이 모르는 사이에 은근하게 내 매력에 빠지도록 늪을 만드는 것이다.

완벽한 외모가 쉽게 질리듯, 완벽한 사람 자체도 끌리지 않는다. 반대로 완벽한 사람이 틈을 보이면 왠지 반갑다. '아, 당신도 사람이었구나' 하고. 우리가 하는 큰 착각 중 하나가 인간관계에서 모든 처세의 기술을 완벽히 짜놓은 사람이 성공한다는 것이다. 그런데 두루두루 완벽한 사람은 한 가지 약점을 가지고 있다. 바로 넓게는 퍼질 수 있으되 깊게 들어갈 수 없는 약점이다.

마음이 들어올 수 있는 당신의 틈새

아무런 사욕 없이 깊은 친분을 유지하는 비결은 때때로 틈을 보이는 것이다. 내가 아는 사람 중에도 평소에는 누구보다 우아하고 지적인 여성이 있다. 저런 사람도 실수를 할까 싶을 정도로 첫인상은 완벽 그 자체였고 다가가기가 부담스러웠다. 그런데 세 번째 만날 때 작은 사건이 일어났다. 그때 그녀의 검정색 스타킹 올이 나가 있었다. 나는 그녀가 무안하지 않게 조용히 귀띔해주었지만 그녀의 얼굴은 금세 홍당무가 되었다. 난 그때 그녀에 대한 부담감이 무너지면서 그녀가 아주 귀엽게 보였다.

그녀는 스타킹을 갈아 신고 와서는 "내가 좀 칠칠맞죠?"라며 생긋 웃어 보였다. 그 이후로 나는 그녀가 훨씬 더 매력적으로 느껴졌다. 그때부터 둘 사이의 벽이 허물어지는 듯한 느낌이 생겼다. 아주 결정적인 사건은, 매일 무채색의 정장 차림을 고수하는 그녀가 청바지에 점퍼를 입고 나타난 것이다. 그녀는 "주말이라 발랄하게 입어봤어요. 이제 이런 모습 보여줘도 민망하지 않은 사이 맞죠?"라고 말하는 것이었다. 생각하기에 따라 그런 차림으로 약속장소에 나온 사람을 성의 없다고 비난할 수도 있겠지만, 내게는 대단히 인상적이었다. '그래, 나도 다음에는 화장기 없는 캐주얼한 차림으로 그녀를 위한 돌발 이벤트를 기획해야지' 하는 장난기가 발동할 정도였으니까.

그러고 보면 그녀는 참 계획적인 사람인지도 모르겠다. 자신의 약점이 드러나는 것을 스스로 허용하자는 계획을 세우고, 그것에 충실한 사람일 수도 있으니까.

변하지 않는 매력의 법칙은 '의외성'이다. 남녀관계에서도 무뚝뚝하게만 보이는 사람이 기념일을 먼저 챙겨주거나 명랑한 사람의 고독한 모습을 보았을 때, 연민과 사랑의 감정이 싹트게 마련이다.

명심하라. 너무 완벽한 사람은 매력적이지 않다. 틈을 보여주는 태도가 매력이 될 수 있지만, 단순히 그것만으로 불가능한 게 사실이다. 일단 그렇게 태도를 연 다음, 말도 매력적으로 해야 한다.

상황이나 개성에 따라 말하기의 방법이 모두 다른데, 그것이 바로 자신이 가지고 있는 매력이 될 수 있다. 사투리를 쓰거나 목소리가 귀엽거나 제스처가 몹시 크다거나 하는 것은 곧바로 그 사람의 중요한 특징이 된다.

"왜, 걔 있잖아 목소리 남자 같은 애."

"걔 모르니? 말 조금 더듬는 애 있잖아."

"약간 공주처럼 말하는 애 말하는 거야?"

이 말들 속에는 이미 대상의 특징이 드러난다. 알게 모르게 당신은 이름이 아닌 '~한 사람'으로 불리고 있을지도 모른다.

매력적인 말하기의 핵심은 상대방에 초점을 맞추는 태도다.

조사에 따르면 대화 도중 상대방의 이름을 의식적으로 불러주면 호감이 생긴다고 한다. 내가 그의 이름을 불러주었을 때 그는 나에

게 와서 꽃이 되었다고 하지 않는가. 누군가가 내 이름을 불러준다는 건 존중받고 있다는 느낌을 갖게 한다. 나도 누가 성을 붙여서 "이숙영"이라고 부르는 것과 "숙영아"라고 부드럽게 부르는 것은 어감이 전혀 다르게 느껴진다. 후자 쪽이 더 친근감을 준다.

비즈니스 만남에서도 상대방의 호칭이나 이름을 넣어서 말하면 효과적이다. "좋은 의견이신 것 같긴 한데, 제 의견은 좀 달라요"라는 말을 "○○○ 팀장님 말씀도 좋은 의견이신데, 제 소견으로는 ○○○ 팀장님 의견에 이 점을 덧붙였으면 해요"라고 하면 관계 형성 등에 긍정적인 작용을 한다.

여기서 짚고 넘어가야 할 한 가지가 있다. 상대방의 이름을 넣어 부르는 것은 긍정적인 효과를 불러오지만, 반대로 내 이름을 넣어 이야기하는 것은 역효과를 부른다. 가령 내가 "숙영이는 그렇게 생각하지 않아. 숙영이 생각에는 말야…"라고 이야기한다면 공주병이 중증이라고 느끼게 될 것이다. 이런 경우도 마찬가지다.

"제가 이번 프로젝트의 총괄 팀장으로서 이야기하자면…"

"저는 말단 사원에 불과하지만…"

두 가지 모두 너무 권위적이거나 너무 소극적이기 때문에 매력적이지 않다. 지위가 높은 사람은 스스로 낮추고, 지위가 낮은 사람은 자신감을 갖는 것이 훨씬 더 매력적인 법이다. 단, 부장을 차장으로 부른다거나 차장을 과장으로 부르는 등 상대를 낮춰 부르면 치명적 마이너스가 될 수 있으니 주의해야 한다.

▋매력적인 사람으로 포지셔닝

나는 과연 끌리는 사람일까? 그 해답을 얻기 위해서는 내가 나 자신에 대해 꼼꼼히 분석할 필요가 있다. 이름하여, 너 자신을 알라. '똑똑하면서도 지적인 여자'의 포지션을 희망한다고 해도, 정작 내 모습은 귀엽고 사랑스러운 쪽과 더 가깝다면 굳이 이미지를 억지로 만들 필요가 없다.

내가 갖고 있는 장점과 근접한 포지션을 찾는 것이 키포인트다. 얼굴이 귀엽고 동안인 여성이라면, 굳이 성숙해 보이려 노력하지 말고 동안이 주는 긍정적인 효과를 적극 활용하는 것이 좋다. 사회에 나와서까지 주민등록증 검사를 받아야 하는 동안의 비애는 나이가 들수록 기분 좋은 콤플렉스가 된다. 10년 더 늙어 보이는 것보다 훨씬 나으니까.

당신은 연예인 중에 어떤 사람에게 특히 끌리는가? 탤런트라면 극중의 역할이 멋지다거나 스타일이 좋아서 끌리는 경우도 있을 것이다. 배용준 씨를 한번 보자. 일본의 중년여성들이 배용준 씨에게 열광하는 이유는 드라마에서 그가 갖고 있는 첫사랑의 이미지 때문이었다. 또한 남편에게는 찾아볼 수 없는 로맨틱함과 부드러움이 인기 비결이다. 메말라가던 일본 중년여성들의 감성에 다시금 촉촉한 비를 내려주면서, 가슴 시린 첫사랑의 기억을 선물했던 것이다.

우리가 이야기하고 있는 대화의 법칙은 사실 비언어적 커뮤니케이션이 많은 것을 좌우한다. 무엇을 입으로 말하느냐보다 어떻게 온몸으로 대화하느냐가 더욱 중요하다. 비언어적 커뮤니케이션을 위한 내면의 포지셔닝에 앞서, 외형적인 부분도 빼 놓을 수 없다. 아무리 좋은 제품을 만들었다고 해도, 사람들이 그 사실을 알게 만들지 못하면 아무런 소용이 없는 것이다. 그래서 기업에서는 '우리 제품이 얼마나 좋은가'를 '우리 제품을 쓰는 사람의 라이프스타일은 이렇다', '우리 제품은 세계적으로 인정받았다'는 내용으로 광고를 만들어 소비자에게 인지시키려고 한다. 마케팅적인 노력이 없으면 아무리 질 좋고 뛰어난 제품이라도 시장경제에서 살아남을 수 없다.

개인의 매력을 발산하는 것도 마찬가지다. 놀랍게도 상품을 마케팅하는 것과 아주 흡사하다. 한 제과회사에서 충치예방에 좋은 껌을 개발했다. 껌은 기호식품이지만, 충치를 예방한다는 것은 껌을 단순히 기호식품으로 인식하는 것을 넘어서 의약품의 경계를 넘나들게 한다. 건강보조식품으로도 포지셔닝할 수 있다.

'보통 껌이 아니다'라는 것을 알리기 위해 이 회사는 약국에서 껌을 판매하게 했다. 그냥 껌이었다면 500원 안팎의 가격으로 매겨졌을 텐데, 약국 의약품으로 포지셔닝을 하니 3,000원대의 고가 기능성 껌으로 재탄생했다. 고유의 특성은 그대로 있지만, 어떻게 포장하느냐에 따라 값어치가 달라진 것이다.

그럼 여기서 재미있는 실험 하나. 나를 이 껌과 비교해보자. 내가 가지고 있는 아나운서로서의 끼, 그것은 '남들보다 조금 더 맑은 목소리와 발성이 좋다' 라는 장점에서 출발했다. 그런데 이것을 만약 단순히 수다 떠는 용도로 사용했다면 어떤가. 아무런 가치도 없는 무용지물이 되어버렸을 것이다. 껌이 의약품이라는 옷을 입듯 나에게도 방송인이라는 옷이 입혀졌고 나는 세상의 누구도 경험하기 힘든 뜻 깊은 아침을 20년째 맞이하고 있는 것이다. 돈으로 환산할 수 없는 가치가 포지셔닝의 수확으로 돌아온 셈이다.

말 잘하는 사람의 캐릭터는 여러 종류가 있다. 말을 잘하긴 하는데 수다스럽다는 평을 듣는 사람이 있고, 꼭 필요한 때 간략하게 말을 잘한다는 평을 듣는 사람도 있다. 말이 느리긴 하지만 호소력이 있는 사람도 있고 말이 빨라서 산만해 보인다는 인상을 주는 사람도 있다.

'여러 가지 혼재된 특징 중 어떤 부분을 부각시킬까' 라고 고민하는 것에서 포지셔닝은 출발한다. 비싸서 잘 안 팔리는 껌이라면 적당한 가격으로 조절해서 판매의 돌파구를 찾아야 한다. 출시 후 반응이 좋지 않다면 개선할 점이 무엇인지 각 단계별로 조정해야 한다. 실제 성분이 좋지 않은데 과장광고로 현혹하거나 소비자를 우롱하면 그 제품은 시장에서 퇴출될 수도 있다. 사람관계도 똑같다. 무조건 최고의 지위에 있는 것처럼 포장하거나 속이면 순간적으로 현혹되는 사람은 있을지 몰라도 끝까지 가는 관계는 어렵다.

내 포지션을 어떻게 할지 정했다면 그것을 알리는 일도 중요하다. 아무리 탁월한 포지션을 정해도 누가 알아주지 않으면 전혀 의미가 없기 때문이다. 긍정적이든 부정적이든 대중에게 노출이 되어야 비로소 포지셔닝의 의미가 빛을 발한다. 자신감을 가지고 내 이미지를 표출할 수 있는 기회를 자주 만들어 주는 것이 좋다.

한 대학의 광고학 첫 수업에서 30초 안에 자신을 소개하라는 과제를 내주었다고 한다. 짧은 시간 동안 나에 대해 함축해 말해야만 하는 쉽지 않은 과제이다.

A학생은 라벤더 향수를 손에 바르고 강의실을 한 바퀴 돈 다음 단지 "저를 라벤더 향기로 기억해주세요"라는 한 마디만 하고 자리로 돌아갔다. B학생은 30초 동안 가족관계와 취미, 포부 등의 많은 이야기를 빠르게 속사포처럼 쏟아댔다. C학생은 자신의 이름만을 이야기하고 나머지 시간을 다른 학생들에게 질문을 받겠다고 했다. 자, 어떤 사람이 가장 많은 사람의 기억에 남았을까?

A학생은 시각과 청각뿐 아니라 후각을 자극시켜 자신의 이미지를 독특하게 어필했다. 그런데 그에 대한 자세한 정보는 알 수 없었다. 결국 자신을 정확하게 알리는 것에 실패했다. B학생은 반대로 30초 동안 많은 것을 이야기했지만, 그를 특징지을 만한 별다른 개성을 보여주지 못했다. 반면 C학생은 거꾸로 물어보도록 유도해서 청중이 정보를 스스로 찾아가게 만들었다. 질문을 했던 학생뿐 아니라 교실의 모든 학생들까지 흥미롭게 그 과정을 지켜보고 C학생에 대해 많은 걸 알아냈을 것이다.

광고는 제품의 강점을 부각시킨다. 텔레비전을 보면 15초 안에 제품에 대한 이야기를 하는 방법도 참 각양각색이라는 생각이 든다. 이미지만 제시하고 제품을 드러내지 않을 수도 있고, 직관적으로 제품이 드러나게 할 수도 있다. 두 가지 방법 모두 나름대로의 장점이 있지만, 가장 좋은 것은 소비자가 관심을 갖고 제품을 기억하여 구매로 이어지도록 유도하는 것이다. 광고만 기억에 남고 제품의 이름이 생각나지 않는다거나, 너무 광고 같아서 구매욕이 떨어지는 경우라면 실패한 광고가 될 것이다.

팔리는 나를 만들려면 적어도 상대방이 관심을 가질 만한 위치에 내가 놓여 있어야 한다는 것을 명심하자.

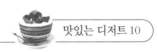

맛있는 디저트 10

내 이미지에 당당하기 위해서는 진심이 담겨 있어야 한다. 커뮤니케이션은 말을 주고받는 것이 아니라 사고와 가치관을 주고받는 것이다.

스스로를 걸고 이야기하자

▌말 에너지 충전법

　내가 진행하는 아침 방송에서 '영어 한마디' 코너를 진행하는 김미남 씨. 그의 한국 이름 김미남은 '김치를 너무 좋아하는 미국 남자'에서 따온 거란다. 한국말은 서툴지만 이른 아침 "누나 안녕!" 하고 크고 밝은 목소리로 인사하는 그를 보면 항상 기분이 좋아진다. 그를 좋아하는 사람들이 팬클럽을 결성했을 정도로 그의 행복 바이러스에 감염된 애청자들이 점점 늘어나고 있다.

　그는 만나면 언제나 활력이 되고 내게 삶의 에너지를 충전시켜주는 사람 중 하나다. 당신의 주변에도 이렇게 에너지를 나눠주는 사람들이 있을 것이다. 이들은 하나같이 모두 긍정적이다.

삶의 태도가 긍정적인 사람은 대화에서 긍정의 에너지를 상대방에게 선물한다.

아무리 성공하고 돈이 많은 사람이라도 매사에 웃는 얼굴로 '난 행복해'라는 기운이 가득한 사람을 만나면 스스로가 작아 보인다. 그 에너지에 압도되는 것이다.

또 다른 특징은 자신감이 넘친다는 것이다. 내가 하는 말이 내 마음에 전혀 그릇됨이 없기 때문에 상대방에게 진심으로 말할 수 있게 된다. 대화에서는 그 자신감이 에너지가 충만한 것으로 드러난다.

에너지가 넘치는 사람을 만나면 '살아있다'는 느낌이 강하게 각인된다. 사실 이 시대에 살고 있는 모든 사람들이 생동감 있게 팔딱팔딱 뛰는 물고기처럼 살고 있지 않다. 싱싱하게 뛰는 사람들은 그들이 사용하는 말도 금방 튀어오를 것처럼 싱싱하다.

누군가의 도움을 받게 된 상황에서 그 고마움의 답례로 당신은 어떤 인사를 건네는가 생각해보자. 아마 열이면 열, "정말 고맙습니다, 이 은혜를 어떻게 갚죠?"라며 고개를 숙이고 최대한 정중하게 보이려고 할 것이다. 고맙다기보다는 왠지 미안하다는 기색이 역력하다. 이 말에 조금 더 자신감과 에너지를 불어넣어본다면?

"정말 그렇게 해주시겠어요? 천만다행이네요. ○○○ 선생님이 계시지 않았다면 전 어떻게 됐을까요?"

"고맙습니다. 이 세상에 이렇게 좋은 분들만 있다면 참 좋을 텐데 말이에요."

고마운 마음을 전달하면서, 상대방이 나를 도와야하는 이유를 정당화시켜주는 말이다. 결국 돕지 않을 수 없게 만들어주고, 돕는다는 자체를 상대방이 자랑스러워하며 즐거운 일이 될 수 있도록 배려하는 말투다.

만남 자체만으로도 다른 사람에게 힘을 줄 수 있는 사람이야말로 우리 사회의 청량제라고 생각한다. 게다가 대화를 하고 나면 가슴속의 체증이 확 풀리는 것처럼 생각의 활로를 열어주는 사람이 꼭 있다. 그들의 특징은 말을 많이 하기보다는 한마디를 해도 자신감 있고 에너지가 넘치게 한다.

많은 사람들 앞에서 말을 하는 기회가 생겼을 때 자신감은 매우 중요한 부분이다. 이때 말에 자신감을 실을 수 있는 몇 가지의 방법이 있다.

먼저, 정면을 바라보고 등을 보이지 않는 것이 좋다. 그리고 '~거든요' 식의 어투를 쓰는 경우 윗사람들에게는 버릇없다는 인상을 남길 수 있다. '~같아요'의 경우는 여성들이 은연중에 가장 많이 쓰는 말투다. 자신감이 없어 보이기 때문에 자주 쓰는 것은 좋지 않다. 대신 '~라고 생각합니다'와 같이 '~합니다'로 쓰는 것이 예의를 갖추는 말하기가 되고 훨씬 자신감 있어 보인다.

말을 할 때의 자세는 어디에 기대거나 팔짱을 끼는 행동을 하지 않도록 주의해야 한다.' 간혹 손으로 입을 가리거나 머리를 만지는 사람도 있는데 자신감이 없어 보일 수 있으니 주의하도록!

자신이 어떤 말을 할 것인지 머릿속에 그림을 그린 후 먼저 요점을 정확하게 말한 다음에 예정된 순서대로 말하는 것도 효과적이다.

무엇보다 자신감 있는 말하기는 서둘러 끝내려는 조급함을 없애고 느긋하게 내 할 말을 다하겠다는 자세가 중요하다. 발음이 잘 안 된다면 속도를 늦춰서 정확하게 발음하고 끝까지 평균 속도로 말을 하는 것이 좋다.

큰 목소리로 자신감을 전달하자

트로이 전쟁에서 활약한 그리스군 전령사 '스탠토르(Stentor)', 그의 이름이 어원이 되어 1600년 이후부터 스탠토르를 '목소리가 큰 사람'의 의미로 사용하였다.

그는 목소리가 하도 커서 50명의 목소리를 합친 것과 같은 풍부한 성량의 소유자였다. 그의 큰 목소리는 군사들에게 작전을 명할 때 매우 유용했으며 상대를 기세로 압도하기에도 충분했다. 목소리가 큰사람이 이긴다는 말처럼, 큰 목소리는 대화에서 주도권을 쥐게 하고 자신의 의견에 큰 힘을 실어준다.

은행에서 직원이 은행돈을 횡령하는 범죄가 간혹 발생한다. 그런

116

데 평소 조용조용하게 말하면서 속내를 잘 드러내지 않고 조직 내에서도 있는 듯 없는 듯 지내는 사람이 이러한 사고를 터뜨리는 확률이 비교적 높다고 한다.

사윗감을 볼 때도 목소리가 화통한지를 먼저 보는 목소리 관상학이 있다. 얼굴 뜯어 먹고 살 것 아니고 직장도 튼튼하니 마지막으로 인품만 따지면 되는데, 그 인품을 한 번에 뚫어 볼 수 있는 것이 바로 목소리라는 이야기이다.

목소리가 너무 작거나 우물거리는 말투는 자신감이 없어 보이고 꿍꿍이가 있는 것처럼 보인다. 비즈니스에서 의사전달을 똑바로 하지 못하면 신뢰감이 형성될 수가 없다. 목소리에서 크고 분명하게 기선 제압을 하는 것이 비즈니스에서 유리한 고지를 점령할 가능성이 크다. 물론 너무 큰 목소리를 일부러 낼 필요는 없다. 다만 내가 평소에 내는 목소리가 조금 작은 편이라면 큰 목소리를 내는 연습을 해보자. 발음이 부정확하거나 우물대는 습관이 있었다면 볼펜을 입에 가로로 물고 발음 연습을 한다든지 신문을 소리를 내 읽어 보는 연습을 하자.

목소리가 분명하고 크게 바뀌면 자신감도 더불어 상승할 수 있다.

취업을 준비하는 C는 취업이 어렵다는 현실을 별로 비관적으로 보지 않았다. '이렇게 많은 회사와 사무실이 있는데, 내 자리 하나가 없겠어?'라는 생각으로 자신감에 가득 차 있었다. 그렇다고 그가 남들보다 능력이 출중하지는 않았다. 학점도 3.0이 되지 않았고 토익 점수도 형편없었다. 주위 사람들은 토익을 만점 받아도 시원치 않은 상황에서 그는 아예 자격미달이라며 그의 취직을 불가능하다고 생각했다.

그런 그가 이들을 비웃기라도 하듯 무려 대기업 세 군데에 당당히 합격했다. 사람들은 의아했다. 실력도 없고 백도 없는 그가 어떻게 대기업의 좁은 입사 관문을 통과할 수 있었을까. 그의 비결은 바로 자신감에 찬 목소리였다. 서류심사는 다른 사람보다 낮게 나왔지만 면접만큼은 누구보다 자신감 있게 응시했다.

사람들 대부분은 면접장에서 빤한 말을 한다.

"저를 선택해주신다면 귀사의 일원이 되어 작은 힘이라도 보태겠습니다."

하지만 C는 달랐다. 그는 "내가 귀사를 선택한 이유는 귀사의 ~한 점이 마음에 들었고, ~한 목표를 향해 함께 가고 싶어서 입니다"라고 자신감 있게 말했다. 그리고 결정적으로 '큰 목소리'로 말했다. 귀에 거슬리지 않을 정도의 큰 목소리가 면접관들의 귀를 붙든 것이다.

누구나 어떤 상황에서나 큰 목소리를 내야 하는 것은 아니지만 크게 말하는 것은 자신감을 드러내는 좋은 수단이 된다.

큰 목소리로 인사하는 것도 매우 중요하다. 방송계 후배들 중에는 인사의 타이밍을 놓치거나 어색해서 모르는 척하고 '스윽' 지나가는

친구들이 있다. 당신도 그런 경험이 있을 것 같다. 반갑게 인사를 나눌 만큼 친한 사이는 아니지만, 그렇다고 그냥 지나치면 두고두고 찜찜할 것만 같은 사이. 지하철에 앉아서 할머니가 내 앞을 지나가면 자는 척 연기를 하는 것처럼 그렇게 인사도 모면하고 있지는 않았는가?

누군가와 친해지는 방법, 인정받는 방법은 먼저 다가가 인사하는 습관에서 비롯된다. 내게 어려운 사람이라고 그 순간을 지나치려 하거나 다시 안 볼 사이라고 무시해버린다면 훗날 땅을 치며 후회할 날이 반드시 온다.

큰 소리로 먼저 인사를 건네는 것은 "아, 평소 참 좋아했어요. 저를 꼭 기억해주세요"라는 말을 한마디로 전하는 것과 같다. 내가 먼저 상대방의 존재를 인정해주면, 상대방도 마음속에 나의 존재를 품게 될 것이다. 짧고 강한 인사 한마디로 긍정적인 효과를 보게 되는 것이다.

그런데 만약 인사법이 서툴다면 어떨까? 그래도 긍정적인 효과가 나타날까? 불행하게도 대답은 "오~ 노!"이다.

입장을 바꿔, 안면이 있는 어떤 이가 당신에게 고개만 까딱하고 무표정하게 "안녕하세요"를 작게 웅얼거리고 지나친다면 어떨까? 인사를 받았다고 기분이 좋을 리가 없다. 머릿속에서는 '저 사람이 나한테 무슨 불만이 있었나', '참 건방지군', 'ㅇㅇㅇ에게 저 사람에 대해 자세히 물어봐야겠군'과 같은 생각이 들 것이다.

'목소리가 큰 사람이 건강하다' 는 연구 결과도 있다. 우리가 평소에 들이쉬고 마시는 숨 중 중요한 것은 날숨이라고 한다. 몸에서 발생한 이산화탄소는 날숨과 함께 몸 밖으로 배출되는데 올바르게 숨을 내쉬어야 산소가 충분하게 공급된다. 목소리를 크게 내려면 우선 숨을 내뱉어야 하고 배에서 소리를 내는 복식호흡을 해야 하므로 건강에 이롭다. 반대로 목소리가 작은 사람은 흉식호흡을 하기 때문에 산소가 항상 부족한 상태가 되고 건강에도 좋지 않다.

평소에 목소리를 크게 내는 습관을 갖는 것만으로도 아주 간단하고 장기적인 유산소 운동이 될 수 있다.

▐ 누가 먼저가 아니라 내가 먼저 말하자

먼저 말하는 것이 두려운 사람이 있다. 어쩌면 사람들 대부분이 상황에 따라 조금씩 이런 생각을 갖고 있는 것 같다. 이를 테면 아주 서먹한 사이라거나 처음 만나는 사이에는, 이런 망설임의 순간은 종종 찾아온다. 이런 상황에서 먼저 말할 수 있는 용기 있는 사람이 되어보는 건 어떨까?

말하고 싶다는 생각이 조금이라도 든다면 망설이는 시간에 그냥 말해버려라.

내가 상대를 불편하게 생각해서 마지못해 인사하는 것 같은 느낌

을 주는 것은 매우 위험하다. 인사를 하지 않은 것만 못한 결과를 가져올 수 있다.

우리나라 사람들이 얼마나 이 '인사'에 두려움을 갖고 있는가는 엘리베이터 안에서도 경험할 수 있다. 우리는 같은 아파트 같은 동에 사는 누군가와 하루에 한 번 정도는 엘리베이터에서 마주치게 된다. 그게 반복되다 보면 분명히 안면이 겹치는 사람도 생기지만 우리들은 엘리베이터에서 그런 사람과 단둘이 있게 되는 것을 매우 곤혹스러워한다. 아예 인사를 할 마음이 들지 않는다면 문제가 되지 않지만, 마음속으로 '인사할까? 아니야, 잘 알지도 못하는 사람한테 인사를 받으면 날 얼마나 웃긴 사람 취급하겠어. 아니지, 그래도 앞으로 계속 볼 것 같은데 안면이라도 터놓을까?' 라는 고민이 계속 반복된다. 그러다 보면 엘리베이터 문이 열리고 서로 각자의 집으로 들어가게 된다.

낯선 사람과의 인사는 정식으로 "저는 ○○○라고 합니다. 성함이 어떻게 되세요?"처럼 딱딱하게 할 필요가 없다. 더구나 같은 아파트에 사는 동네 사람이라면, 자연스럽게 건넬 수 있는 인사말은 얼마든지 있게 마련이다. 예를 들어 "오늘 날씨가 좀 쌀쌀할 거라는데 옷 단단히 챙겨 입으셨어요?"처럼 날씨에 대한 인사로 말문을 터고 어디에 사는 누구 엄마, 언제 이사 온 누구라는 인사 정도는 매우 자연스럽게 오고갈 수 있다.

우리가 종종 두려워하는 것은 이런 몇 마디가 오고가고 난 뒤의 침묵이다. 열심히 질문을 했지만 돌아오는 것은 "네"하고 끝나는 썰렁한 단답형의 대답. 이건 서로가 고쳐야 할 습성이다.

우리는 알게 모르게 다른 사람에 대한 불신을 키워왔다. 더욱이 요즘처럼 가족도 믿지 못하는 범죄가 공공연하게 일어나는 시대에는 그 불신이 더욱 커진다. 외국인들이 큰소리로 인사하는 모습을 보면 그 모습이 참 부럽다. 우리도 지나치는 사람들에게, "좋은 아침입니다"라고 외치면 "네! 좋은 하루 되세요"라는 인사를 받을 수 있는 문화가 정착되었으면 하는 바람을 가져본다.

그냥 인사만 하고 지나가도 서로에게 무언가를 기대하지 않고 편안하게 돌아설 수 있는 사이. 그런 사이가 부럽다.

맛있는 디저트 11

자신감이 있는 큰 목소리는 당신의 대화에, 당신의 인생에 놀라운 변화를 가져다줄 것이다.

유인경 편집위원의 맞장구 화법

방송인이자 『뉴스메이커』 편집위원인 유인경 씨는 만화적 상상력
이 넘치는 사람이다. 라디오 방송에 초대한 그녀에게 방송 후 건넨
나의 첫마디.

"말하는 모습이 만화의 한장면 같아요!"

그녀가 말을 하면 머리 위로 구름처럼 몽글몽글한 말풍선이 솟아
오를 것만 같다. 겉모습은 순정만화인데 말을 하다 보면 명랑만화의
주인공이 되는 사람이 그녀다.

보통 '여기자'에 대한 선입견을 가지고 그녀를 만난다면 당황하
기 쉽다. 커다란 이목구비에 도도함도 살짝 풍기는 첫인상으로 상대
방을 바짝 긴장시킨 후, 구수한 팔도 사투리로 웃게 만든다.

그래서일까. 그녀의 기사는 역시 다른 기사들과 뭔가 다른 느낌이
든다. 똑같은 인물을 취재하고 같은 주제로 기사를 쓰더라도 다른

기사에서 볼 수 없는 내용들을 끄집어 낼 줄 안다.

그녀는 자칭 '햇볕정책'을 펼치는 기자라고 말한다. 인터뷰에서 주인공은 상대방이고 자신은 그 사람을 돋보이고 좋은 면을 끄집어 내주는 사람이라고 믿고 있다. 보통 직설적으로 있는 그대로의 사실을 보도하는 것이 저널리즘이라고 생각하기 쉽지만, 그녀는 차가운 저널리즘에 반대하는 사람이다. 직설적이지 않고 부드럽게 다가가는 것이 원칙이다.

요즘은 인터넷 매체를 통해 웬만한 정보들은 끊임없이 노출되고 있기 때문에 재미없는 기사는 독자들의 외면을 받기 마련이다. 그래서 기사 내용은 '사실+α'를 갖고 있어야 재밌고 신선해진다고 생각하는 그녀이다.

그런 기사를 뽑아내는 유인경 기자의 노하우는 간단하다. 딱딱하지 않게 조금 더 유연하고 따뜻하게 질문을 던지는 것이다. 상대방이 '이런 말까지 해도 되려나'라고 생각하다가 조금만 시간이 지나면 오히려 신이 나서 숨겨 놓았던 이야기를 스스로 풀어놓게 만든다. 무뚝뚝하게 "~하셨습니까?", "~해주십시오" 등의 어투로 질문을 해봤자 재미없는 대답이 되돌아올 수밖에 없다. "와! 그러셨어요"라고 맞장구를 쳐주고 "어머, 어쩐대유!"라는 식으로 다소 풀어지는 화법을 써주면 상대방도 굳었던 어깨 근육을 풀기 시작한다는 것이다.

한번은 굉장히 말이 없기로 유명한 경찰청장과의 인터뷰에서 그녀는 이례적으로 많은 기사거리를 만들었다. 말이 워낙 없는 분이었지만 인터뷰를 하면서 조각조각 이어지는 말을 연결해보니 그가 음식에 관심이 아주 많다는 사실을 감지한 것이다. 음식으로 이야기를 풀어가면 조금 더 가까이 다가갈 수 있겠다는 생각에 외국 여행 때 먹은 음식이나 인근 맛집을 소재로 오랜 시간 동안 이야기를 나누고 기사거리를 뽑아낸 것이다.

삼성야구단의 구단주가 된 김응룡 감독과의 인터뷰도 비슷했다. 말을 잘 하지 않기로 유명한 분이어서 보통 인터뷰 시간도 30분을 넘지 못한다고 한다. 그런데, 웬일인지 유인경 씨와의 인터뷰에서는 1시간이 부족할 정도로 말문이 터져 신나게 말을 잘 하는 것이 아닌가. 주위 사람들이 모두 놀랄 정도였다. 인터뷰를 마치려고 하자 "벌써 그만 하시냐"라며 서운해 했다고 한다.

어떤 사람은 "내 말이 맞지?"라며 끊임없이 확인받으려는 사람이 있는 반면, 얼굴에 석고팩을 한 사람처럼 입을 굳게 잠그고 뻣뻣하게 앉아있는 사람도 있다. 그 중에서 50대 후반의 남성을 인터뷰하는 것이 가장 힘겹다고 한다. 처음부터 경직된 자세로 대화할 준비가 되어 있지 않은 사람은 마음의 문을 쉽사리 열지 않고, 때로는 말이 안 통하는 경우도 있기 마련이다. 했던 이야기를 반복해서 하는 상사들도 처치곤란인 유형 중 하나다.

그녀가 수많은 인터뷰를 통해 느끼는 것은 '정말, 세상에는 별의별 사람이 다 있구나'였다고 한다. 하지만 그녀는 그것을 골치 아프게 생각하는 것이 아니라 오히려 즐기는 쪽이다. 그녀는 상대방이 백 번을 이야기하면 일단 백 번을 다 들어주면서 백 번 모두 맞장구를 쳐준다. 같은 말이라도 지적하거나 비판하고 정색하기보다 부드럽게 돌려 말해주면 관계가 잘못될 일이 없기 때문이다. 그녀는 사람을 무장해제시키는 능력을 갖고 있다. '기자 같지 않은', '기자처럼 굴지 않은' 그녀의 태도가 상대방을 오히려 편안하게 만들어 준다. 게다가 유머러스하기까지 하니 금상첨화이다.

그녀처럼 상대방이 자연스럽게 말문이 트이게 해주는 비결은 자신을 조금 더 낮추는 화법에서 비롯된 것이다. 그리고 어떤 인터뷰든 무조건 칭찬으로 시작한다. 미리 알아두었던 정보를 바탕으로 최근 출간한 책 이야기나 세미나에 대해 칭찬하면서 상대방에 대한 관심의 정도와 호감을 표현해주는 것이다.

그녀의 인생 모토는 "재밌게 살자"라고 한다. 기자생활이 스트레스가 많은 직업인 것을 인정하고 이왕이면 재밌게 이야기하고 웃으며 일하려고 노력한다나? 친구를 만나도 유쾌한 친구와 계속 만나고 싶지 우울한 이야기나 진지한 이야기를 지루하게 늘어놓는 친구는 다시 만나고 싶지 않은 것처럼, 누구나 다시 만나고 싶은 사람은 편안하고 재미있는 사람이다.

그녀는 "내 자신의 마음을 열면 아무리 철통같이 잠긴 고집불통의 상대라도 결국 마음을 열고 눈을 마주칠 수 있다"라고 이야기하는데 전적으로 동감한다.

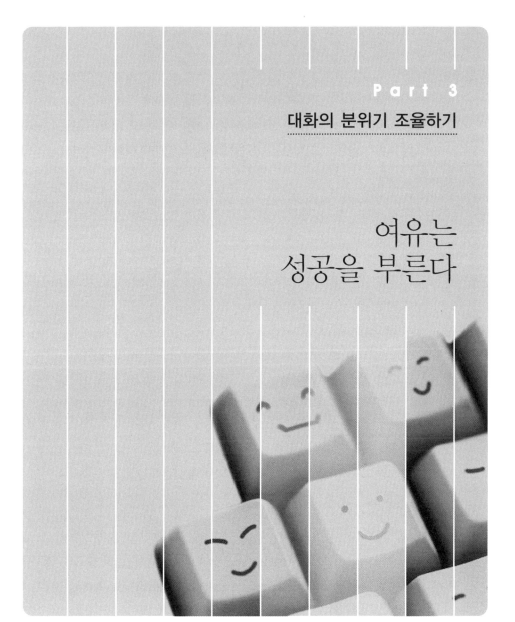

여유는
성공을 부른다

유머러스한 사람은 어디서나 환영받는다

█ 행복한 사람의 긍정 바이러스

사람들은 자기 입장에서 다른 사람을 바라보기 때문에 남의 떡이 더 커 보인다.

모두 주어진 상황과 조건은 다를지 몰라도 인생에서 느끼는 희로애락은 거의 비슷하게 경험하며 살아간다. 다만, 사람의 천성 중 긍정적인 쪽을 택한 사람은 아무리 힘든 상황에서도 한번 해보자면서 웃는 것이고, 부정적인 쪽에 치우친 사람은 인생을 비관하고 상황을 더욱 악화시키는 것이다.

누군가와 크게 싸운 일이 한두 번은 있을 것이다. 그런 상황에서 누군가가 먼저 웃고 사과하면 기분이 한결 개운해진다. 그런데 시간이 지날수록 악에 바쳐 이를 갈면 점점 왜 싸웠는지도 모르게 미움의 감정만 남아 속을 곪게 만든다. 그 시간은 굉장히 불편하고 고통스럽다.

행복한 사람이 되기 위해서는 자신 스스로 긍정적인 생각을 해야 한다. 긍정적인 말을 하고 긍정적인 행동을 하면 행복해진다. 사람들은 행복한 사람과는 자꾸 이야기를 나누고 싶어진다.

▌유머러스한 사람의 준비된 웃음

영화배우 김수로 씨는 개그맨을 웃기는 배우로 통한다. 토크쇼나 오락 프로그램에 나와 시종일관 분위기를 주도하고 청중을 압도하는 카리스마를 보면 웃음에도 수많은 캐릭터가 존재한다는 걸 새삼 느끼게 된다.

나는 그를 단순히 타고난 입담꾼이라고 생각했다. 누가 무슨 말을 해도 그 상황에서 가장 재치 있어 보이는 말을 꺼내 좌중을 쓰러지게 만들기 때문이다. 예사롭지 않은 춤 솜씨와 장난기 가득한 표정, 그리고 절대 만만하게 보이지 않는 다부진 체격과 눈빛 등을 보면, 한의학에서 말하는 체질로는 태양인에 가까운 사람이라고 할까? 굉장한 에너지로 좌중을 압도하는 특별한 사람이라고 생각했다. 그러다 최근 놀라운 이야기를 들었다. 그는 아무리 작은 분량의 방송이라도 그 전날 어느 부분에서 어떤 말로 웃겨야 할지 아주 치밀하게 준비하는 스타일이라고 한다. 그날의 게스트로 나오는 연예인은 누구이며 어떤 주제로 이야기가 전개되는지 사전에 파악한 후 나름대로 멘트를 짜는 등 몇 시간을 준비한다는 것이다.

그는 그런 치밀함까지도 겸비한 사람이었다. 순간 나는 그가 진정한 엔터테이너라는 생각이 들었다. 아무렇지도 않게 애드리브인 듯 말을 하지만, 그 말 한마디에는 노력과 땀이 들어 있었다. 성공한 사람을 볼 때 성공의 요인이 '능력'이 아니라 '노력'이라고 생각되면 조금 더 인간적인 따뜻함이 느껴진다.

그런데 우리가 알고 있는 연예인 대부분이 김수로 씨처럼 연습벌레다. 일반인보다 순간적인 재치와 입담이 뛰어난 것은 사실이지만, 방송이 직업인 그들에게 사람들을 즐겁게 하는 '말'을 연습한다는 것은 당연하다. 나도 방송을 하기 전에 '이런 말을 멘트에 넣었으면 좋겠다', '이 코너에 이런 이야기를 하면 좋겠다'라고 생각하고 미리 연습을 한다.

당신이 연예인들의 말 중 애드리브라고 생각하는 것 일부는 준비된 멘트일 가능성이 크다. 정말 애드리브인 것처럼 보이기 위해 그들은 피나는 연습을 하는 것이다.

보통 방송에서 말 잘하고 재미있게 나오는 연예인들이 평소에는 과묵한 성격이라고 한다. 원래 천성은 내성적이라고 말하는 이도

있다. 타고난 '말발'을 가진 사람은 극히 드물다. 설령 그 말발이라는 걸 가지고 있다고 해도 방송에서 두각을 나타내지 못하는 사람도 있다.

주변에는 타고난 말발을 수다 떠는 데만 유용하게 쓰고 있는 사람도 있지 않은가? 큰 맘 먹고 구입한 러닝머신이 점점 본래의 기능을 잃고 옷걸이로 전락하듯, 타고난 재능을 제대로 활용하지 못하면 무용지물이 되기 쉽다.

말발을 조금 더 요긴하게 사용하는가가 중요하다. 그렇게 하기 위해서는 웃음에도 준비가 필요하다.

방송에서 참 재미있게 말을 잘하는 대표적인 사람으로 유재석, 신동엽, 탁재훈, 김제동 씨가 있다. 유재석 씨는 동료 개그맨들과 '조동아리'라는 수다모임을 만들 정도로, 평소 말하는 것을 즐기는 것으로 알려져 있다. 그는 이 모임에서 많은 아이디어를 얻는다고 하니 생활 속에서 방송 리허설을 하고 있는 것이다. 수다를 좋아하는 그이지만, 방송에서는 오히려 많이 들어주고 적재적소에 웃음을 불어넣는 편이다. 평소에 준비된 웃음이 있어서 그의 진행은 많은 여유가 느껴진다.

탁재훈 씨도 친구들과 밥을 먹거나 술자리를 가지면서 듣게 되는 말들을 웃음의 소재로 이용한다고 한다. 그가 방송에서 유행시킨 '안 되겠네'는 그의 딸이 자주 쓰는 말을 기억해뒀다가 애드리브로 활용한 거라고 한다. 직업병이라고 할 만큼 일에 집중해 있지 않으면 생활에서 아이디어를 건지기란 쉽지 않을 텐데, 항상 그런 쪽으로 머리가 열려 있다는 생각이 든다.

신동엽 씨는 머리가 좋다는 평가를 받는다. 함께 프로그램을 진행하는 김원희 씨는 그를 '입에 신 내림을 받았다'는 말로 표현할 정도이다. 배우 김정은 씨도 '기자나 검사가 됐어도 대성했을 것'이라고 그를 극찬했다. 그만큼 상대방의 감정을 쥐고 흔드는 그의 말솜씨가 뛰어나다는 말이다. 그는 진행뿐 아니라 콩트를 통해 연기력까지 과시하는데, 오래전 '안녕하시렵니까'라는 유행어로 활동할 당시의 연기력을 십분 발휘하고 있는 것이다.

김제동 씨도 신동엽 씨와 유사하게 게스트를 쥐고 흔들지만 조금 더 출연자들을 면박 주는 스타일에 가깝다. 하지만 그 면박이 전혀 기분 나쁘지 않고 고개를 끄덕이게 만든다. 그의 앞에 서면 누구나 흠을 잡히지만, 웃을 수밖에 없게 된다. 그가 상대방에게서 웃음의 요소를 끌어낼 수 있는 건 평소에 치밀한 관찰력과 연구가 뒷받침되었기 때문이라고 생각한다.

사실 이들보다 말을 잘하는 사람은 아나운서 중에도 많이 있다. 그러나 말을 정말 맛있게 하는 사람들이라면 유재석, 신동엽, 탁재훈, 김제동 씨 쪽이다. 그들에게는 항상 준비된 유머가 있기 때문이다.

준비된 유머를 구사하는 능력은 노력을 통해 계발할 수 있다. 그 계발에는 다음과 같은 법칙이 있다.

첫째, 웃음도 전략이다. 하루에 재미있는 이야기를 10개 정도 외

우고 그 중에 적어도 한두 가지는 하루 안에 누군가에게 해봐라.

둘째, 다양한 매체에서 정보를 캐내라. 특히 인터넷에는 방대한 자료가 넘쳐난다. 유머 관련 사이트를 수시로 방문하고, 뉴스를 꾸준하게 보면 말할 거리가 많아진다.

셋째, 유머를 즐기면서 하라. '못 웃기면 어떻게 하나'라는 고민을 할 필요가 없다. 당신은 개그맨이 아니다.

주위에서 특히 말을 잘하는 사람들을 살펴보자. 그들은 상황마다 재치 있게 대화에 참여하고 적절한 타이밍에 치고 들어온다. 자신의 이야기 자체보다 듣는 사람에게 얼마나 재미있게 들릴지를 먼저 고민하고 연구한다.

다른 사람을 앞지르거나 억누를 방법을 고민하는 사람이 얼마나 많은 세상인가. 그런데 어떻게 웃겨줄까를 고민하는 사람이 있다는 건, 슈퍼맨보다 더 위대한 영웅이 아닐까?

하루에 열 번 웃고 한 번 웃기자

'웃기'와 '울기' 중에서는 웃는 쪽이 더 쉽다. 하지만 내가 누군가에게 눈물이나 웃음을 줘야 할 입장이라면 정반대이다.

상대방의 눈물을 짜내는 일보다 어려운 것이 바로 그 사람을 웃기는 일이다.

연예인들이 다른 사람을 웃기는 일이 어느 정도 힘든 일일까? 눈물을 짜내는 키워드는 이별이나 죽음 등으로 한정되어 있지만, 웃음을 받아들이는 시청자들의 눈은 매우 높아져 더 이상 진부한 방식의 유머에는 웃어주지 않는다. 단 몇 분 동안의 콩트를 하기 위해 개그맨들은 여러 날 밤을 지새운다. 아이디어 회의를 거쳐 리허설을 하고 스태프들에게 합격점을 받지 못하면 방송에 나갈 기회도 잃게 된다.

내가 먼저 웃음을 주는 경우는 그리 많지 않다. 웃음을 받아서 즐기는 방법은 여러 가지가 있지만, 웃음을 주는 데에는 조금 인색하지 않나 싶다. 나부터도 누군가를 웃기기 위해 억지로 노력하는 편은 못된다. 고백하건대 난 그리 유머감각이 뛰어난 사람은 아니다. 20년 동안 한결같이 아침 7시에 출근도장을 찍을 정도니 아무래도 성향이 모범생 쪽인가 보다. 내 자신이 흐트러지려고 하면 얼른 추켜세우는 편이라 유머보다는 진지함이 조금 앞선다고 할까.

그러고 보면 자꾸만 농담을 걸고 웃긴 표정을 지어보이는 몇 안되는 재담꾼들은 참 대단한 사람들이다. 직업이 개그맨이 아닌데도 끊임없이 웃음을 주려는 사람에게 우리는 박수를 보내야 마땅하다.

내가 아는 30대 회사원 J. 그는 남을 웃기는 일이 세상에서 가장 즐겁다고 한다. 비교적 호남형인데도 사진을 찍을 때 항상 익살스러운 표정을 지어서 미니홈피에 올린다. 그 사진을 보면서 다른 사람들이 '엽기적이다', '웃기다' 등의 평을 써놓으면 그것으로 만족스럽다는 것이다. 그런데 낙천적인 성격으로 낭패를 보는 경우도 있

다. 때와 장소를 가리지 못하고 농담을 해야 할 상황과 진지해야 할 상황을 헷갈리기 때문이다. 소개팅 자리에서도 진지함보다는 웃기려는 노력이 심해 여자를 질리게 만들기도 한다. 매번 가벼운 농담만 주고받다가 이름조차 물어보지 못했다는 어처구니없는 상황도 생긴다. 그에게는 아무래도 여자를 만난다는 것 자체보다 웃음을 줄 수 있는 또 다른 상대를 만난다는 설렘이 더 큰 게 아닐까 싶었다.

그런 그가 정말 마음에 드는 상대를 만났노라고 연락이 왔다. 지금까지 여자들에게 가벼운 모습으로 차인 적이 많아서인지 그날따라 전혀 웃기고 싶지도 않고 말도 제대로 나오지 않더라는 것이다. 게다가 상대방이 굉장히 마음에 들었기 때문에 더욱 조심하게 되었다고 한다.

여자는 마치 낯가림을 하는 것처럼 허둥대는 J가 안쓰러웠는지 재미있는 이야기를 해서 분위기를 바꿔보려 했다. 그녀의 이야기는 철지난 유머였지만, 그는 누군가의 이야기에 오랜만에 큰 소리로 웃게 되었다. 그녀는 자신의 이야기가 그렇게 재미있었냐면서, 평소 유머감각이 부족해서 항상 고민이었다고 고백했다. J는 그제야 마음이 훨씬 느긋해지고 가벼워져서 그녀를 위해 그날 하루 기쁨조를 자처하고 나섰다. 그녀는 그의 180도 변신한 모습이 신기하다는 듯 눈을 똥그랗게 뜨고 무슨 말을 할 때마다 자지러지게 웃었다. J는 순간 '이 여자구나'라는 생각이 든 것이다. '넌 웃어주고, 난 이야기하고'라는 철지난 유행가 가사처럼 사랑이 찾아왔다고 한다.

웃음은 관계의 상승효과를 가져온다. 웃음이 그리운 사람과 웃음이 넘치는 사람이 만나면 이렇게 환상적인 커플이 탄생하기도 한다.

성공을 부르는 유머 시리즈

유머 화법을 구사할 줄 아는 사람은 어떠한 자리에서든 환영을 받는다. 유머감각을 지니고 있는 사람일 경우, 비즈니스적인 일이나 개인적인 일 모두 성사될 가능성이 훨씬 높다.

물론 유머감각이 하루아침에 이뤄지는 것은 아니다. 유머감각을 선천적으로 타고나는 것도 사실이지만 노력과 연습에 따라 후천적으로 얼마든지 얻어질 수 있다.

유머는 웃음과 타이밍이 중요하다. 늘 상황과 상대방의 마음을 헤아리는 센스를 갖추고 있어야 한다. 사고가 유연하지 못하고 경직되어 있으면 절대로 유머가 나올 수 없다. 거꾸로도 보고, 뒤집어 보기도 하는 등 고정관념에서 탈피할 줄 알아야 유머가 가능하다.

코미디언들을 보면 부잣집 도련님, 공주님이 아니라 어렸을 때부터 산전수전 공중전을 다 겪어서 삶의 내공을 쌓은 경우가 대부분이다. 바로 그러한 폭넓은 경험들이 유머의 원천이 되는 것이다. 모든 것을 수용할 수 있고, 어떤 것도 일어날 수 있다고 생각하는 융통성,

발상의 전환이 유머의 첫걸음이다.

　타고나기를 유머감각이 제로라고 생각되는 분들은 코미디 프로그램을 자주 보거나 사람을 만나면 사용할 수 있는 간단한 유머를 외워두는 것도 한 방법이다. 모임에서 정치나 종교 이야기를 꺼내는 것은 스스로 무덤을 파는 일이다(그렇게 하면 꼭 말싸움으로 끝난다). 날씨나 뉴스, 여행지, 스포츠, 최근에 본 책이나 영화 등을 화제로 삼는 것이 훨씬 부담이 없고 좋다.

　간단한 유머를 적어두었다가 풀어놓는 것도 괜찮은 방법인데, 내가 아는 한 영업사원은 '유머메일'로 세일즈에 성공했다. 최신 유머가 나올 때마다 고객들에게 이메일이나 팩스로 전달해주었는데, 효과 만점이었다고 한다. 특히 최신 유머를 접할 기회가 별로 없는 중년층들의 반응이 폭발적이었다고 한다. 늘 이렇게 업그레이드된 유머를 보내주는 정성이 갸륵해, 그가 판매하는 물건을 안 사줄 수가 없다는 것이다.

　그런 의미에서 사람들을 만났을 때 간단하게 사용할 수 있는 유머 시리즈를 소개하고자 한다. 남녀노소 누구나 부담 없이 들을 수 있고, 아이가 있는 사람이라면 나중에 집에 가서 아이들에게도 사용할 수 있는 유머들이다. 약간 유치하다 싶은 얘기들이 동심을 자극해 모임의 분위기를 더 화기애애하게 만들 수도 있다.

　내가 방송에서 써먹었거나 책이나 인터넷을 통해 보고 들었던 유머들을 두서없이 정리했다. 이 유머들을 처음 생각해낸 사람이 누구

인지는 모르겠지만, 정말이지 기발하다. 아주 심플하고 짤막한 것들이라 적절한 타이밍에 사용하기 좋은 유머들이니 꼭 활용해 보자! 언제 어디서나 부담 없이 할 수 있는 '나라 유머'부터 소개하겠다.

- 세계에서 굶는 사람이 가장 많은 나라는? → 헝가리
- 바느질을 제일 잘하는 나라는? → 가봉
- 국민들이 가장 거만한 나라는? → 오만
- 국민들이 가장 꾀가 많은 나라는? → 수단
- 세계에서 가장 큰 코쟁이들이 사는 나라는? → 멕시코
- 가장 권투를 잘하는 나라는? → 칠레
- 애주가가 가장 많은 나라는? → 호주
- 처녀들이 가장 많이 사는 나라는? → 뉴질랜드

다음은 '연예인 유머'이다.

- 우리나라에서 제일 잠이 많은 연예인은? → 이미자
- 어부들이 제일 싫어하는 가수는? → 배철수
- 스캔들 없이 사생활이 제일 깨끗한 가수는? → 노사연
- '너는 시골에 산다'를 세 글자로 한다면? → 유인촌
- 투수가 싫어하는 연예인은? → 강타
- 눈과 구름을 자르는 칼은? → 설운도

· 청바지를 갖고 있는 사람은? → 소유진

모임에서 유용한 유머로 '단답형 유머'가 있다.

· '쥐가 네 마리다'를 두 글자로 한다면? → 쥐포

· 누룽지를 영어로? → 바비 브라운

· 사과를 한 입 베어 물면? → 파인애플

· 한 입 더 베어 물면? → 더 파인애플

· 엄마는 한 명이고, 아버지가 둘인 아이는? → 두부 한모

· 국사책을 태우면? → 불국사

· 참기름이 법원에 간 이유? → 고소하려고

· 지렁이가 꿈틀거리는 이유? → 덜 밟았기 때문에

· 클린턴 대통령이 좋아하는 칫솔은? → 오랄B

· '당신은 비를 아십니까'를 네 글자로 하면? → 너비아니

· 소주, 맥주, 양주를 섞어 마시면? → 졸도

· 세상에서 제일 맛있는 술은? → 입술

· 공부해서 남 주는 사람은? → 교사

· 갑돌이와 갑순이가 천생연분이 못되는 이유는? → 동성동본

· 거지의 최대 소원은? → 깡통에 도금하기

· 눈이 녹으면 뭐가 될까? → 눈물

'나라별로 유명한 이름 유머'도 재미있다.

- 중국에서 제일 멍청한 사람은? → 띵해

- 일본에서 제일 뚱뚱한 사람은? → 산사이도 모까

- 일본에서 가장 마음 약한 자매는? → 우야꼬와 우짜꼬

- 일본에서 가장 유명한 포르노 배우는? → 슈미즈 막버서상

- 러시아에서 가장 키 큰 사람은? → 스카이 푹 찔러스키

- 인도에서 가장 요가 잘하는 사람은? → 꼰다리또꽈

- 아랍의 가장 열성적인 교육자는? → 하나라도 알라

- 이탈리아의 유명한 자선사업가 이름은? → 더 달란 마리아

- 프랑스의 유명한 요리사는? → 막 드셩

- 프랑스에서 가장 불효자인 사람은? → 에밀졸라

- 미국에서 가장 정력적인 사람은? → 조지 포맨

'미친 여자 시리즈'도 있다.

- 태종대를 대학이라고 우기는 여자

- 허장강을 강이라고 우기는 여자

- 몽고반점을 중국집이라고 우기는 여자

- 안중근을 내과의사라고 우기는 여자

- 탑골공원과 파고다공원이 다르다고 우기는 여자

· LA가 로스엔젤레스보다 멀다고 우기는 여자

· 으악새가 새라고 우기는 여자

· 김대중 전 대통령이 일주일에 두 번씩 조선일보에 칼럼 쓴다
  고 우기는 여자

· 구제역이 양재역 다음이라고 우기는 여자

· 비자카드 받아놓고 미국 비자 받았다고 우기는 여자

'지명 시리즈'도 흥미롭다.

· 와글와글 분주하게 시끄러운 도시는? → 부산

· 생선 매운탕을 좋아하는 도시는? → 대구

· 노래를 부르려는 사람이 먼저 찾아가는 도시는? → 전주

· 식욕 없는 사람이 찾아가고 싶은 도시는? → 구미

· 술 좋아하는 사람이 좋아하는 도시는? → 청주

· 보석을 밝히는 사람들이 좋아하는 도시는? → 진주

· 싸움이 끊일 새 없는 도시는? → 대전

· 뜀박질에 인생을 걸고 사는 도시는? → 경주

· 무서운 도시로 널리 알려진 도시는? → 이리

· 철부자로 알려진 도시는? → 포항

마지막으로 '들어도 기분 나쁜 칭찬' 시리즈.

- 당신은 살아있는 부처님입니다(선행을 베푸시는 목사님에게).
- 할머니, 꼭 백 살까지 사셔야 해요(올해 연세가 99세인 할머니에게).
- 참석해주셔서 자리가 빛이 났습니다(대머리 아저씨에게).
- 참 정직한 분 같으세요(직구밖에 던지지 못해서 좌절하고 있는 투수에게).
- 당신의 화끈함이 마음에 듭니다(화상을 입은 환자에게).
- 당신이 그리워질 것 같군요. 다시 꼭 한 번 들러주세요(간수가 석방되어 나가는 죄수에게).

누구나 듣기 편하고 한 번씩 웃을 수 있는 유머를 위주로 소개했다. 이 밖에도 간단한 유머 시리즈는 무궁무진하다. 본인 스스로 생각할 때 유머감각이 제로라고 생각되는 사람이라면 앞에서 설명한 것들 중 몇 가지를 외웠다가 지인들과 만나는 자리에서 적절히 풀어놓으면 큰 도움이 될 것이다.

맛있는 디저트 12

항상 웃음을 받는 쪽이었다면 남을 웃기는 사람으로 변신해보자. 다른 사람을 웃게 만들기 위해서는 머리에 쥐가 나도록 연습해야 한다.
유머러스하고 재치 있게 상대방을 웃길 줄 아는 사람이 비즈니스와 사랑에서 성공한다.

따뜻한 스킨십을 선물하라

▮ 먼저 말 건네고 먼저 손 내밀자

어디에나 무엇에나 누구에게나 '처음'이 존재한다. 새로운 무엇인가를 시작하고 새로운 사회에 들어가려면 '낯선 만남'의 과정을 거쳐야 한다. 새 학년에 올라가거나 새 학교에 진학할 때, 새로운 친구들과의 첫 만남이 있다. 졸업을 하고 취직을 하면 직장동료들과의 첫 만남이 있고, 소개팅이나 미팅에서의 첫 만남을 경험할 수 있으며 비즈니스에서의 첫 거래와 첫 인사도 있다.

처음의 시작이 지나고 사이가 멀어진 후, '어색한 만남'을 맞이하는 순간도 찾아온다. 오랫동안 만나지 않았던 친구들과의 모임, 헤어진 남자 친구와 우연한 만남 등 다양한 만남이 존재할 것이다.

당신은 이런 상황에서 먼저 말을 건네고 아는 척을 해주는 사람인가 아니면 그 반대인가? 소심한 사람은 상대의 반응이나 평가에 민감해서 먼저 말을 걸기가 쉽지 않다.

다음에 제시한 항목으로 나의 소심지수를 테스트해보자. 요즘 화제가 되고 있는 소심지수 테스트를 응용해서 각색해보았다.

1. 좌중을 웃기려고 했다가 반응이 좋지 않으면 갑자기 자신감이 없어진다.

2. 남들이 나를 평가하는 것에 민감하다.

3. 마지막 남은 단무지를 먹지 않고 식당을 나온 적이 있다.

4. 누가 수군거리면 내 얘기를 하는 것 같다.

5. 자주 어울리는 친구들이 나만 빼고 만났다고 삐진 적이 있다.

6. 노래방에 가게 되면 전날 집에서 필사적으로 노래를 연습한다.

7. 나의 완벽함에 흠집이 나는 것은 용납하기 힘들다.

8. 더치페이를 할 때 돈이 인원수대로 딱 떨어지지 않으면 불안하다.

9. 신문에 나온 오늘의 운세나 별자리 운세를 많이 믿는 편이다.

10. 나의 마음을 상하게 한 상대에게는 정이 가지 않는다.

소심한 사람의 경우 위 항목 중 대부분에 '예스'로 답했을 것이다. 8개 이상이면 '소심 대마왕', 5개 이상이면 '소심 주의보 발령', 그 이하는 '그때그때 소심형'이다.

소설가 은희경의 《타인에게 말걸기》에 이런 구절이 있다.

> 사람에겐 흔히 '상대적인 진실'이란 게 있어서 서로가 터놓고 이야기하지 않으면 끝내 밝혀지지 않는 일이 있게 마련이다. 요컨대, 이쪽 마음을 숨기고 있는 마당에는 저쪽 마음을 알 수 없다는 것이다. 더군다나 제 마음의 정체까지 모르고 있다면 정녕 상대의 마음을 꿰뚫어 볼 수 없는 노릇이다.

처음 만나는 사람은 모두 낯선 다른 사람들이다. 그 사람에 대해서 내가 아는 것이라고는 어느 회사에 다니며 무슨 일을 하는 누구라는 정도일 거다. 그건 상대방도 마찬가지이다.

서로에게는 누구나 낯선 다른 사람이다.

먼저 말을 거는 것이 잘 안 되는 사람이라면 우선 밝게 웃으며 잘 들어주는 사람으로 어필하는 것이 좋다. 조급하게 생각하지 않고 잘 들어주고 웃어주다 보면 가벼운 질문이나 농담으로 끼어들 수 있게 되면서 말문이 터지게 된다. 그렇게 들어주는 비중을 점차 줄이다 보면 공통의 화제가 형성되었을 경우 말의 비중이 비슷해지고 사이가 가까워질 수 있다. '누가 말을 걸고 많이 하느냐'보다 '얼마나 손을 내밀 자세가 되어 있느냐'가 더 중요하다고 생각한다.

당신이 어딘가를 찾아가야 하는데, 목적지 근처에서 도무지 건물을 찾지 못하고 헤매고 있다고 가정해보자. 낯선 동네, 낯선 거리에는 낯선 사람들이 지나가고 있다. 그 중 어느 한 사람을 골라 "○○빌딩이 어디에요?"라고 물어보는 정도는 아무리 소심한 사람이라도 한번은 시도한 적이 있을 것이다. 그런 때에 당신은 어떤 사람에게 길을 묻게 되나?

나는 그런 경우라면 왠지 그 근처에서 사는 것 같은 사람을 찾아보게 된다. 내가 무슨 신 내림을 받은 점쟁이도 아니건만 우연히도 그렇게 보이는 사람이 그 장소를 알고 있는 경우가 많았다. 또는 인상이 좋아 보이는 사람을 찾는다. 이왕이면 물어봤을 때 기분 좋게 대답해줄 것 같은 사람이 나을 테니까. 결국 눈빛이나 태도가 오픈되어 있는 사람을 선택하게 된다.

몸의 언어로 표현하는 법

여자들 사이에서 가까운 사람끼리의 대화는 입으로만 이뤄지지 않는다. 손을 잡거나 어깨를 치거나 서로를 껴안는다. 스킨십은 서로간의 친밀감을 표시하는 한 방법이다.

효녀 가수로 유명한 가수 현숙 씨. 그녀가 오랫동안 한결같은 모

습으로 우리 곁에 남을 수 있었던 비결이 있다. 그녀는 다른 어떤 것보다도 뛰어난 친화력을 갖고 있는 사람이다. 안면이 있는 사람을 만나면 그냥 인사 정도만 나누는 것이 아니라, 안아주고 부비면서 반가워한다. 정말 반갑다는 느낌이 온몸으로 느껴질 만큼 따뜻한 표현을 한다. 그녀가 다른 가수들처럼 한 시대를 풍미할 만큼의 가창력이 있다거나 스타급의 명성을 누리고 있는 것은 아니지만, 매니저 없이 그 오랜 시간 동안 가수생활을 할 수 있던 비결이 바로 거기에 있다.

심하게 다투고 난 다음날 남자 친구가 조용히 안아주고 눈물을 받아 주었을 때, 사회생활에 힘들고 지쳐 울고 싶은 날 친한 친구가 야윈 어깨를 빌려 주었을 때, 말이 필요 없는 무엇인가가 우리 사이에 있다고 느끼게 된다. 사이에 있는 그것은 말보다 훨씬 더 강력할 수 있다. 그것은 바로 사람의 체온이다.

다음은 메다드 라즈가 쓴 《세상을 바꾸는 작은 관심》에 나오는 이야기다.

혹독하게 추운 겨울의 네팔지방 산길, 눈보라를 헤치며 걸어가는 선다 싱이라는 남자가 있었다. 그는 눈보라 속에서 우연히 낯선 한 사람을 만나 같이 가기로 했다. 둘은 함께 눈보라를 헤치며 걸어갔는데, 노인 한 명이 눈 위에 쓰러져 있었다. 선다 싱은 동행자에게 "이 사람을 데리고 가야겠어요. 그냥 두면 죽고 말 겁니다"라고 말했다. 그러자 동행자는 미친 짓이라면서 화를 내고 먼저 눈보라를 뚫고 가버렸다. 선다 싱은 노인을 등에 업고 눈보라를 헤치며 다시 걸었다.

혼자 가기에도 벅찬 눈보라여서 노인을 업은 몸은 점점 무거워져 갔다. 그런데 어느 순간 이상하게도 조금씩 추위를 느끼지 않게 되었다. 노인을 업고 가느라 힘이 들면서 온몸에 땀이 났고 더위마저 느꼈다. 노인도 점점 의식을 회복해갔고 마을로 내려오는 내내 전혀 추위를 느끼지 않고 무사히 도착할 수 있었다. 그런데 마을로 들어서는 길목에 한 남자가 동사해 있었다. 바로 혼자 길을 가버렸던 동행자였다.

사람은 혼자 있을 때보다 둘이 있을 때 더 따뜻함을 느낀다. 우리가 겨울철에 여우목도리와 늑대목도리를 필사적으로 장만하려는 이유이기도 하다. 그런 남녀들의 열망을 반영한 듯, 아주 이색적인 옷이 선을 보여 화제가 된 적이 있다. 입는 것만으로 연인과 포옹하는 기분을 느낄 수 있다는 '스킨십 커플 셔츠'이다. 멀리 떨어져서 자주 보지 못하는 연인이나 솔로 여성들에게 환영받고 있는 이 제품의 정확한 이름은 'F+R 허그 셔츠'이다. 일반 셔츠와는 다르게 누군가와 포옹할 때의 감촉과 온기, 심지어는 심장박동까지 느낄 수 있는 기능이 부착되어 있다고 한다. 게다가 미세한 감각과 느낌까지 무선 전화 네트워크를 통해 커플 셔츠를 입은 상대방에게 전달된다니!

가족이나 연인과 떨어져 있는 시간이 길어지면 가장 먼저 떠오르는 것은 이성적인 기억이니 사건이 아니라 그 사람의 손, 그 사람의 목소리, 그 사람의 품 등 감각적인 부분이다. 그만큼 사람에게 있어 가장 절실한 그리움은 사람의 체온이 아닌가 싶다. 아무리 친구가 많은 사람도 진심을 나누고 포옹할 만한 친구가 없다면 결국 내면은 항상 쓸쓸한 법이다.

　　어머니의 모성애를 이야기할 때도 빠지지 않는 것이 이 체온이다. 따뜻하게 안아주고 감싸주고 보듬어주면서 서로의 체온을 나누는 동안 아이는 엄마의 존재를 인지한다. '무조건적인 사랑'이라고 불리는 이 모성애는 기적이 아니다. 뇌의 화학작용에 의한 생물학적 현상이다. 출산 이후에는 옥시토신이라는 호르몬이 증가하게 되는데, 아기와 포옹하고 접촉하게 되면 이 옥시토신이 자극을 받아서 모성애가 발생한다. 아이에 대한 사랑은 우리가 선택할 수 있는 것이 아니라, 자연적으로 부여받는 운명인 것이다.

　　비단 어머니와 자식의 관계뿐 아니라 사람 대 사람의 관계에서도 이 옥시토신이 분비된다. 자주 안아주고 스킨십을 하는 행위가 서로의 관계를 더 돈독하게 해준다.

　　미국 펜실베이니아대학교의 가드비 교수는 "포옹은 감정이나 신체를 최고 상태로 만들고, 상대방과 가장 밀접하게 관계 맺고 있다는 하나의 증거"라며 포옹예찬론을 폈다. 두 사람이 꼭 껴안으면 안정감이 생기고 기분이 좋아지며 외로움도 사라진다는 것이다. 뚱뚱한 사람에게는 식욕을 억제시키는 효과까지 있다고 한다. 아마도 스트레스나 외로움으로 폭식을 하는 경향이 있는 사람이라면 포옹을 통해 음식물 대신 다른 사람의 따스한 정으로 포만감을 느낄 수 있기 때문이다.

'프리 허그' 운동이 있다. 후안 만이라는 호주 청년이 인터넷에 올리면서 지구촌 전역으로 빠르게 확산된 이 운동을 우리말로 풀면 '안아드립니다', '무료로 안아드려요' 정도 될 것이다. 'FREE HUGS' 라고 쓴 푯말을 들고 거리로 나와 처음 보는 사람과 포옹하며 아무런 대가없이 체온과 정을 나누는 캠페인이다. 물론 우리는 거리에서 이렇게 공개적으로 포옹하고 처음 보는 사람에게 안기는 문화에 익숙하지 못하다. 중요한 건 많이 안아주고 인간적인 정을 나누는 그 자체인 것 같다.

가까이에 있는 가족들부터라도 자주 손잡아주고 껴안아준다면 어떨까? 서로 말로 상처내고 말로 상심할 필요 없이 모든 것을 포용하는 몸의 언어로 그냥 말없이 보듬어 주는 것이다.

사람의 체온, 그것보다 따뜻한 건 세상에 없다.

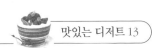
맛있는 디저트 13

지금 크게 두 팔을 벌려보자. 그리고 가장 먼저 눈에 띄는 사람의 이름을 크게 부르며 달려가 꼭 안아주자. 아무 말도 하지 말고 당신의 체온을 나눠준다면 그 사람은 당신을 매우 특별하게 기억할 것이다.

스스로를 제물로 삼아 상대방을 웃겨라

▍망가져서 더 아름다운 사람들

겉으로 보기에는 완벽하고 견고한 사람이 있다. 그 사람이 작정하고 망가지기 시작한다. 처음에는 황당할 만큼 당황스럽다가도 이내 웃음이 터진다. 그 180도로 바뀌는 의외성에 사람들은 환호한다. 그 주인공은 젊었을 때 출중한 외모로 인기를 누렸던 탤런트 박철 씨이다.

그의 젊음은 다소 빛이 바랬지만 라디오에서 특유의 직설적이고 거침없는 화법으로 다시금 전성기를 누리고 있다. 그 시절 그 사람이 맞나 싶을 정도로 완벽하게 '망가져서' 우리를 즐겁게 해준다. 아직도 바비 인형 같이 늘씬한 몸매의 김원희 씨는 어떤가. 그녀는 신동엽 씨와 함께 진행하는 오락 프로그램에서 매회 파격적인 모습과 특유의 엽기적인 캐릭터로 제대로 망가졌다.

완벽했던 사람이 망가지는 것은 더없이 재미있다. 그리고 그런 모습은 오히려 친근하고 격의없이 느껴진다.

이 망가지기의 대모격인 사람은 미국에 있다. 그녀의 이름은 오프라 윈프리. 자신의 이름을 건 「오프라 윈프리 쇼」를 통해 스타덤에 오른 후 천문학적인 숫자의 돈을 매년 벌어들이고 있는, '걸어 다니는 기업'이다. 그리고 기부활동과 봉사활동을 게을리 하지 않는 모습이 그녀에게 사회적 명성과 명예도 동시에 가져다주고 있다. 그녀는 얼마나 어떻게 그리고 제대로 완벽하게 망가졌던 걸까?

오프라 윈프리는 미국 문화계를 흔드는 커다란 트렌드이다. 수많은 토크쇼 사회자들이 제2의 오프라 윈프리를 꿈꾸고 도전하지만 번번이 실패한다. 단순한 모방에 그칠 뿐 그녀가 토크쇼에서 보여준 '진심'에는 다가가고 있지 못하기 때문이다.

수많은 토크쇼가 방영되는 미국에서 그녀의 쇼가 그토록 주목을 끌었던 이유는 그녀의 토크쇼만이 가진 매우 이색적인 포맷 때문이다. 그것은 진행자 자신이 때로는 게스트가 되기도 하고 시청자가 되기도 하며 동병상련의 피해자가 되기도 한다는 점이다.

그녀는 자신의 힘든 어린 시절과 성폭력 피해자라는 사실을 과감히 언급했고 다이어트 경험에 대해서도 털어 놓았다. 다른 토크쇼 사회자들이 방송을 위한 이야기들, 예를 들어 가식적으로 오직 다른 사람에 대한 이야기를 늘어놓을 때, 그녀는 게스트나 시청자와의 공감 고리를 찾는 데 주력했다.

사람들을 사로잡은 그녀의 방법은 바로 그 '진정성'에 있었다. 성폭력 피해자가 눈물을 흘리며 고통의 세월을 호소할 때, 방송에서 "나도 그런 경험이 있었다"고 고백하며 그녀를 부둥켜안고 함께 울어 줄 수 있는 진행자가 과연 몇이나 있을까?

그녀는 가장 높은 곳에 올라서서도 자신이 가장 낮은 곳에 있던 시절의 치부를 그대로 드러내 보였다. 정말 치밀한 사람이라면 망가지는 것도 확실하게 망가질 줄 알아야 한다. 망가지는 것이 내 빈틈이 아니라 더욱 확고한 내 것이 될 수 있을 만큼.

내가 정말 잘하는 것을 드러내 보이는 것은 얼마든지 할 수 있다. 그러나 그것은 금방 식상해진다. 내 가장 큰 치부를 드러낼 때 사람들은 고개를 들어 나를 다시 보게 된다. 그렇다고 일부러 콤플렉스를 무작정 드러내라는 것은 아니다. 내가 정말 잘났거나 잘났다고 생각되는 부분이 90퍼센트라면 나머지 10퍼센트는 조금 느슨하게 풀어주어도 좋다는 뜻이다.

공주병이나 왕자병을 좋아하는 사람이 있을까? 상대방보다 자신이 완벽하게 잘났다고 믿는 순간 진정한 인간관계는 깨져버린다. 빈틈없이 단단한 왕자와 공주의 성벽은 적에게 침입을 받는 것은 물론 찾아오는 친구의 발길도 뜸하게 만든다.

정오에 라디오 프로그램을 진행하는 최화정 씨는 어설픈 공주과에 속하는 사람이다. 그녀가 하인 없는 1인 공주라는 이야기는 방송계에 널리 알려진 전설. 공주처럼 예쁜 말투와 낭랑한 목소리로 사람을 살살 녹일 줄 알지만, 사실 털털하고 인간적인 향기가 더 많이 풍기는 어설픈 공주이다.

특유의 귀엽고 애교 있는 화술 덕분에 아무리 공주의 탈을 썼다 벗었다 해도 밉지가 않다.

현영 씨도 그런 케이스이다. 아찔한 콧소리와 목소리만큼 섹시한 바디라인 등 그녀의 외견만 보면 공주표가 충분히 될 만한 여자이다. 그런데도 그녀는 그런 탈을 과감히 벗어버리고 스스로 망가진다. 공주처럼 말을 해도 그녀가 하면 코믹하게 느껴져 웃음이 난다. 그 이유는 그녀들이 완벽하지 않기 때문이다.

스스로 완벽함에 대한 강박관념이 없고 그냥 그 자체를 즐기며 사람들을 웃게 만든다.

완벽함을 허무는 의외의 망가짐은 극도의 친밀감을 안겨준다. '나도 함께 할 수 있는 사람'이라고 상대를 안심시킨다. 당신이 너무 완벽한 사람이라거나 혹은 치밀하고 계획적인 사람이라면 때때로 무너지는 시간을 갖자. 당신 자신에게도 보는 사람에게도 마음의 휴식은 필요한 법이다.

웃음의 기법 중에도 '자기 풍자의 원리'가 있다. 자신의 단점이나

부족한 부분, 실수하거나 실패한 경험담 등을 말해주며 자신을 낮추는 것이다.

그 이야기를 듣는 순간 상대방은 자연스럽게 친근하고 인간적인 감정으로 다가오기 시작한다.

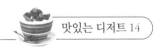

맛있는 디저트 14

정말로 친해지고 싶다면 나의 허점을 드러내보자. 내 자랑 열 가지보다 내 허점 한 가지가 상대를 훨씬 더 친근하게 만들 수 있다.

그때그때마다 재치있게

▌화기애애한 분위기를 만드는 말 한마디

　　요즘 방송계의 재담꾼을 꼽으라면 항상 1순위로 거론되는 사람이 있다. 메인 MC로 프로그램을 진행하지는 않지만 게스트로만 나와도 메인 MC 같은 사람, 바로 탁재훈 씨다. 나는 순발력의 제왕에 망설임 없이 그를 추천한다. 내가 진행하는 방송에도 초대 손님으로 출연한 적이 있었는데 아무리 곤란한 질문을 해도 받아 넘기는 재치가 참 인상적이었다. 정곡을 찌르는 질문을 살짝 미끄러지듯 빠져나가는데, 그러고 끝나는 것이 아니라 풍부한 비유와 순발력으로 대단히 유쾌한 시간을 만들어 주었다. 신이 그에게만 특별히 부여한 유전자가 있다면 그것은 바로 순발력의 유전자가 아닌가 싶다.

그는 전혀 생각하지도 못한 입담으로 좌중을 뒤집어지게 만들지만, 나름대로의 품위도 잃지 않는다. 작정하고 망가지는 것이 아니라 작전상 망가진다. 그의 망가짐에는 하한선과 상한선이 명확하다. '웃기는 사람'의 이미지는 곧 '쉬운 상대'로 곧잘 인식되게 마련인데, 그는 특유의 카리스마를 항상 유지하고 있다.

누구나 한번쯤은 탁재훈 씨를 보면서 '아, 나도 저 사람처럼 재치있게 말할 수 없을까?' 라는 생각을 해본 적이 있을 것이다.

누구나 탁재훈 씨가 될 수는 없지만, 탁재훈 씨처럼 호감을 주는 재치맨으로 거듭나는 건 충분히 가능한 일이라고 생각한다. 유머러스한 것보다 더 어렵다는 '재치'를 소유하기 위해 우리는 어떤 노력을 하면 될까?

탁재훈 씨의 주변에는 그의 상상력을 자극시키는 재미있는 친구가 많다. 술자리에서 만나도 방송 소재를 발견할 정도로 자극을 주는 사람이 많다는 건 행운이다. 재치가 있다고 여겨지는 친구와 자주 만나 배우려고 하면 좋아하는 부분을 닮게 된다. 당신 주위에 재치가 넘치는 친구가 있다면 그 친구를 적극 활용해보자.

또한 여러 가지 상식을 골고루 머릿속에 담아 두는 것도 유용하다. 웃기는 이야기나 유머 시리즈를 외우는 것도 중요하지만 한 분야에 대해 깊게 탐구해보는 것도 좋다.

김제동 씨는 대학축제 진행을 하게 되면 대본 없이 몇 시간의 행사를 진행했던 경험이 있다는데, 그의 마르지 않는 재치의 비결은 책을 통해 얻은 지식과 상식을 순발력 있게 말하는 것이다. 가방에는 책이 한 가득 들어 있었다는 후문도 있을 만큼 그의 책사랑은 유별나다고 한다.

상대방의 관심사를 연구하는 것도 재치 있는 말하기의 한 방법이다. 상대방의 행동이나 말을 재치 있게 표현하면 일순간에 관심을 유도할 수 있다.

테크닉적인 면에서는 말을 한마디로 요약하는 것이 필수다. 탁재훈 씨의 말하기를 가만히 들여다보면 아주 짧다는 것을 느낄 수 있다. 구구절절 물고 늘어지면 말의 논지를 흐리게 된다. 길게 말해도 웃기지 않는다면 말을 가로채이거나 면박을 당하기도 쉽다.

말하는 동안 너무 웃는 것도 주의해야 한다. 웃음을 주는 쪽은 웃음에 인색한 편이 좋다. 혼자 자신의 이야기에 취해서 지레 웃어 버리면 공허한 내 웃음만 귀에 들려오는 꼴이 된다. 웃음을 주려고 너무 조급해 한다거나 기회를 찾는 듯한 인상을 들키게 되면 안 하느니만 못하다. 느긋하게 기다리면서 자신감에 찬 목소리로 한 번씩 툭툭 내뱉는 말이 더 효과적이다.

연예인들이 자신의 캐릭터를 방송 안에서 만들어가듯 당신도 한 조직 내에서 '~한 사람'으로 불리고 있을 것이다. 어떤 그룹 안에서 '약간은 엉뚱하면서 재미있는 사람', '솔직하면서 담백한 사람' 등

독특한 캐릭터가 있다면 금상첨화일 것이다. 이미 이런 캐릭터가 잡혀 있다면 그 안에서 대화를 유도하거나 그 틀을 깨버리는 의외성 있는 말로 다가가면 효과만점이다. 약간은 엉뚱하면서 재미있는 이미지의 사람은 말을 꺼내기도 전에 '이 사람이 또 무슨 재미있고 엉뚱한 이야기를 하려고 그래?'라며 주목을 받는다. 자신을 억지로 드러내려 하지 않아도 그 캐릭터에 기인하여 사람들은 기대하고 짐작하게 되는 것이다.

만약 이런 캐릭터를 확보하지 못한 사람이라면, 지금부터라도 이미지 메이킹을 시도해보자. 시도하는 캐릭터는 익살스럽고 재미있는 것이 좋다. 가령 '착한 사람'이라는 캐릭터는 조직생활에서 피해를 볼 수도 있다. 그냥 착하기만 하다는 이미지는 '착하기만 해서 너무 재미가 없다'로 생각할 수 있으므로, '착하고 싹싹해', '착하지만 집념이 있어' 등의 조금 더 강력한 이미지를 보강할 필요가 있다.

이렇게 자기만의 캐릭터가 있어야 순간적인 재치에 발동이 걸리기 쉽다.

맛있는 디저트 15

말을 하는 것은 누구나 할 수 있지만, 적절한 타이밍에 말하기는 쉽지 않다. 대화를 많이 해보고, 다른 사람에게서 배우려고 애써보라. 말의 감을 잡는 순간 당신도 탁재훈 씨나 김제동 씨처럼 재미있는 사람이 될 수 있다.

나만의 개성을 살려라

▋ 단점을 개성으로

오락 프로그램에서 진행자를 가장 당황시키는 사람의 첫 번째 유형은 '단답형'이다. 바로 떠오르는 단답형의 대표 인물만 해도 여러 명이 생각난다.

"그동안 어떻게 지내셨어요?"

"예, 잘 지냈습니다."

"새 영화가 개봉되었는데, 기분이 어떠세요? 떨리세요?"

"예."

과묵한 사람과 방송을 하다 보면 답답해서 한숨이 날 때가 있다. 그런데 이런 단답형 인물이면서 라디오 방송을 진행하는 특이한 케이스가 있으니, 바로 배철수 씨다. 그는 벌써 십수년 동안 「배철수의 음악캠프」를 진행하고 있다. 음악적 조예가 깊어 음악 전문 프로그램의 진행자로 제격이라는 것을 알면서도, 처음에는 청취자들에게 어떤 말들을 쏟아낼지 전혀 상상이 가지 않는 사람 중 하나였다. 하지만 배철수 씨는 자신만의 스타일로 다른 누구도 흉내 낼 수 없는 배철수표 방송을 만들어 냈다.

방송용 문장은 아주 간결한 것이 특징이다. 간결하지만 뜸을 들여 중후하게 내뱉는 그의 말은 왠지 모르게 끌린다. 나이를 짐작하기 어렵게 만드는 그의 낮고 울리는 중저음은 단답형으로 끊어지는 문장에 힘을 실어준다. 마치 정의를 내리는 것 같은 결의에 찬 목소리다. 이제는 일상에 관한 수다나 게스트의 입담으로 시끌벅적한 프로그램과 다르게 음악에 관한 이야기와 좋은 음악이 나오는, 음악 중심의 프로그램이 되었다.

배철수 씨와 조금 다른 색깔의 단답형을 구사하는 사람으로 김C가 있다. 그는 더하면 더했지 덜하지 않은 어눌한 스타일이다. 부스스한 머리와 졸린 눈 등 외모도 어딘가 어눌하게만 보이는데, 입을 열자마자 나오는 이야기는 평범한 것이라고는 거의 없다. 그의 대답은 어디로 튈지 모르는 럭비공처럼 싱겁기도 하고 엉뚱하기도 하다. 그래서일까. 희한하게도 사람의 주의를 끌어들이는 묘한 매력이 있다.

161

배철수 씨나 김C는 결코 말을 잘하는 사람 축에 들지는 못한다. 그런데도 라디오 방송을 진행하고 토크쇼의 패널로 자주 얼굴을 비추는 비결은 그러한 단점을 나름대로의 방법을 통해 장점으로 만들었기 때문이다.

요즘은 방송계에 워낙 말을 잘하는 사람들로 넘쳐나게 되면서 말을 잘한다는 것은 더 이상 특별히 내세울 만한 것도 아닌 게 되었다. 그렇게 되자 어눌한 단답형의 사람들이 매력적으로 다가오게 된 것이다. 완벽함에 허를 찌르는 신선한 충격이라고나 할까.

당신도 일반적인 잣대에 비해 조금 못 미치는 부분이 있다고 해서 너무 실망하지 말기를 바란다. 오히려 그것을 의식하고 두려워하기보다 있는 그대로 드러내는 사람이 당당하고 멋있어 보인다. 드러낸다는 자체가 매력이 될 수도 있으니, 달리 생각하면 단점이 아니라 장점으로 생각할 수도 있다는 얘기다. 내용만 공허하지 않다면….

맛있는 디저트 16

말이 잘하는 것도 중요하지만, 그렇지 않다고 해도 낙심할 필요는 없다. 자기만의 개성을 살린다면 더 어필할 여지가 충분히 있다.

최윤희 강사의 유머 화법

　행복 디자이너, 행복학 강사로 유명한 최윤희 씨는 특유의 유머 화법으로 항상 화제를 모은다. 그녀의 입담은 남녀노소를 불문하고 그녀가 전하는 행복 바이러스에 전염되게 만든다.

　그녀는 하루하루 스케줄이 빼곡하게 차 있어 동에 번쩍 서에 번쩍 하며 정신없이 뛰어다닌다. 한번은 다음 장소로 급히 이동하기 위해 강연 전에 콜택시를 예약했다. 그런데 그날따라 강연이 늦게 끝나는 바람에 약속한 시간이 한참 지나서야 택시가 있는 곳으로 가게 되었다. 모르긴 몰라도 택시 기사는 기다리는 동안 서서히 짜증이 쌓여 어떤 사람인지 면상이나 보자는 식으로 기다렸을 것이다. 그런데 까칠한 표정의 택시 기사에게 그녀가 허겁지겁 달려와 날린 한마디.

　"내 평생 나를 이렇게 오래 기다려준 남자는 기사님이 처음이세요! 정말 고맙습니다."

화를 내려던 기사는 오히려 붕 뜬 기분이 되었다. 화를 내지도 않고 오히려 휘파람까지 불며 그녀를 목적지까지 데려다 주었다. 꾸밈없고 자연스러운 그녀의 유머는 상대방을 배려하면서 기분 좋게 만드는 매력을 갖고 있다.

만약 그녀가 건성으로 사과하거나 본체만체 했다면 가는 내내 서로 불편한 자리를 감수해야 했을 것이다. 그러면 자연히 그날의 스케줄에 적잖은 영향을 미칠 수도 있었다.

그녀는 '때문에'를 '덕분에'로 바꿔 생각할 줄 아는 지혜를 가지고 있다. '때문에'는 단순히 사건의 인과관계와 사실을 바탕으로 펴는 논리다. '때문에'가 들어가는 화법은 '강연 때문에 늦었으니 이해해달라', '비용 때문이라면 더 계산해주겠다', '당신 때문에 나도 급히 뛰어나오다가 발을 삐었다' 등 나를 정당화하기 위한 상황설명을 늘어놓게 된다. 반면 '덕분에'는 상대방을 먼저 생각하고 배려한다. 그리고 분위기를 기분 좋게 이끈다.

"당신 덕분에 늦지 않을 수 있어서 고마워요."

"당신 덕분에 누군가 참 오랜만에 나를 기다려 주었다는 설렘을 느끼게 되었네요."

"당신 덕분에 강연을 성공적으로 끝마칠 수 있었습니다."

화를 내려는 상대방도 이런 말을 들으면 차마 화를 낼 수 없게 된다. 진심으로 배려 받고 있다는 마음에 화는 눈 녹듯이 사라지고, 상대방도 배려의 마음을 품을 수 있게 된다.

직장생활 중에도 '○○○ 때문에 회사 다닐 맛이 안 나', '○○○ 때문에 골치 아파 죽겠다', '스트레스 때문에 되는 일이 없어' 라는 식의 화법은 스스로를 더 불행하게 만들 뿐이다. 서로 책임을 떠넘기고 비관하면서 정작 가장 중요하게 생각해야 할 공동체로써의 목표는 표류하고 만다.

최윤희 씨와 같은 인물에 대해 우리는 아주 좋은 핑계거리를 갖고 있다. 처지가 다르다는 이유로 자기 자신을 정당화하는 것이다. '그 사람은 원래 집안이 부자라서 그래', '가정이 화목하니까 좋은 성격을 가졌을 수밖에', '얼굴이 예쁘니까 어디를 가도 인기가 많지' 등.

다른 사람의 장점이 나의 단점을 정당화시킬 수 있을까? 그럼 앞서 말한 최윤희 씨와 같은 사람은 선천적으로 타고난 성격의 덕을 본 것일까? 하지만 그녀가 처했던 상황은 그리 낙관적이지 못했다.

그녀는 서른여덟 살까지 평범한 가정주부였다. 그런데 남편의 사업실패로 완전 무일푼이 되었고, 그녀가 직업전선에 뛰어들지 않으면 안 될 절박한 형편까지 이르렀다. 직업을 갖기 위해 신문을 보다가 카피라이터를 뽑는 광고를 보게 된다.

최종 면접에서 면접관이 원하는 보수를 물었을 때 그녀는 이렇게 대답했다고 한다.

"지금 그런 거 따질 처지가 아니어유~, 얼마를 주시든 일을 해야 할 형편이어유~."

이런 유머 화법 덕분에 그녀는 1,331명 중에서 딱 한 명 뽑는 시험에서 합격할 수 있었다고 한다.

"웃고 살면 인생 대박이지만 징징 짜면 인생 쪽박이야. 그래서 어느 날 인생 정책을 수립했지. '웃고 살자!' 그랬더니 모든 것이 간단명료해졌어."

최윤희 씨의 옳고도 옳으신 말씀이다.

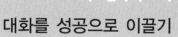

Part 4

대화를 성공으로 이끌기

좋은 말은
호감을 선물한다

칭찬으로 상대방을 무장해제시키자

▐ 세상의 모든 사람을 내 편으로

나는 쇼핑을 좋아한다. 계속되는 방송 스케줄로 잠시 바깥바람 쐬는 일조차 버거운 일상이 계속되더라도 쌓이는 스트레스는 반드시 풀어야 다음 일도 할 수 있다. 1시간 정도 투자해서 확실하게 스트레스를 푸는 유일한 방법이 바로 쇼핑이다. 여자들 중에는 이런 식의 스트레스 해소법에 두 손뼉을 마주치며 동의하는 사람이 많을 것이다. 평소 가지고 싶던 뭔가를 사고 나면 왠지 뿌듯한 기분까지 든다.

그런데 이 쇼핑이란 것이 돈 잡아먹는 귀신이다. 백화점을 한 바

퀴 돌고 나면 마음에 드는 게 셀 수 없을 정도가 된다. 다 살 수 없으니 안타까운 마음이 드는 건 당연한 일이다.

여자들은 사지 않을 옷이라도 한번 입어나 보자는 심리가 있다. 한 옷가게에서 여러 벌을 입으면 점원의 눈치가 살짝 보이는 것이 사실이다. 어떤 점원은 열이면 열 옷만 여러 벌 입고 돌아서는 손님을 뒤에서 욕하기도 한다. 하지만 이때 옷을 입어보고 그냥 싹 돌아설 것이 아니라, 칭찬의 한마디라도 하자. "언니, 인상이 너무 좋아서 오늘 물건 안 사도 다음에 꼭 다시 오고 싶어요"라고. 나는 대개 이렇게 말해주는 편인데, 돌아서는 내 자신도 기분이 한결 가볍고 점원의 얼굴 표정도 불쾌한 표정 대신 밝게 변하는 것을 여러 번 경험한 적이 있다.

한 백화점의 판매왕에게 세일즈의 비결을 물었더니, "잘 어울린다"는 말을 거의 입에 달고 살다시피 했다는 것이다. 입장을 바꿔 생각해보면 답은 의외로 간단하게 나온다. 내가 진심어린 칭찬으로 기분이 좋아지듯 점원에게 내가 먼저 진심으로 칭찬의 인사를 건네주는 것이다. 점원이 손님을 칭찬하면 옷을 팔 수 있지만, 손님이 점원을 칭찬하면 옷을 싸게 살 수 있다. 꼭 한번 시험해보시라.

내가 알고 있는 사람 중에 나보다 한 수 위인 후배가 있다. 그녀의 특기는 만나는 사람과 모두 친구가 되는 것이다. 워낙 사람에 대한 욕심이 많아서 자기 사람이 될 때까지 사람을 공략한다. 한 번 마음먹은 상대는 물심양면으로 공을 들여 기어이 친구로 만들어버린다.

감수성이 무척 예민하고 말투도 여성스러운 그녀는 특히 남자들 사이에서 인기폭발이다. 남자들은 자기 말을 잘 들어 주는 여성에게 매력을 느낀다고 하지 않는가. 무엇이든 잘 들어주고 조리 있게 상담해 주는 그녀는 상담의 여왕으로까지 불릴 정도다. 사람에 대한 그녀의 욕심은 타의 추종을 불허해서 오죽하면 그녀가 살고 있는 아파트의 경비원들 중 그녀를 모르면 간첩이라는 이야기가 있을 정도이다.

자주 찾는 백화점에서는 다 언니고 오빠가 된다. 마치 오래전부터 알았다는 듯 허물없이 점원과 이야기를 나누고 관계를 돈독하게 만든다. 그 짧은 시간 동안 발휘된 그녀의 친화력은 물건을 직원가로 사게 만든다. 전혀 안면이 없던 점원과도 몇 분간의 이야기로 연결고리를 만들어내고 연락처까지 주고받아가며 친목을 쌓는다. 죽기 전까지 적어도 '1만 명의 인맥'을 만들겠노라는 그녀의 꿈은 왠지 언젠가 이루어질 것만 같다.

그녀의 외모가 호감형이냐? 물론 아니다. '예쁘다'와 '못생겼다'로 굳이 구분하자면 후자 쪽에 가깝다. 그녀는 말로써 호감을 이끌어내는 노력형 인간이다. 10분만 그녀와 이야기하면 누구나 편안함을 느낀다. 사람을 좋아하는 그녀의 진심이 다른 사람에게 그대로 전해지는 것 같다. 주변에서는 그녀에게 세일즈를 해보라고 권하지만, 그녀는 자신의 화법을 그런 식으로 이용할 생각은 없다고 잘라 말한다. 현재 평범한 회사원인 그녀는 말로 돈을 벌기보다 말로 도움을 주는 컨설팅 쪽의 새로운 직업을 구상 중이다.

그녀의 비결에 특별한 것은 없다. 먼저 사람들을 향해 마음을 칭찬하고 오픈하는 것, 바로 그것이다. 외향적인 사람은 상대방의 손을 금방 잡을 수 있고, 내성적인 사람은 시간이 좀 더 필요할 뿐이다.

당신도 하루에 한 명은 아니더라도 한 달에 한 명 정도는 새로운 사람을 만나는 목표를 세워 보는 건 어떨까? 지난 3개월을 돌아봤을 때, 내 인생에 새로운 사람이 몇이나 나타났는가? 만약 전혀 변동이 없었다면 '한 달에 한 명과 관계 맺기'의 숙제를 이번 달부터 바로 실천하기를 바란다. 여기서 알아간다고 하는 것은 단순한 통성명이 아니라 개인적으로 만나는 1회 이상의 약속을 의미한다. 자, 지금부터 한번 시도해보면 어떨는지.

▎부정적인 뉘앙스 걸러내기

대화란 다른 사람과의 외교라고도 할 수 있다. 국가와 국가 사이에 이해관계를 유연하게 풀어내는 외교가 바로 대화의 화술과 동일한 원리라고 본다. 흔히 외교란 구렁이 담 넘어가는 듯이 해야 성공한다고 한다. 부드럽게 아무 일 없었다는 듯 훌쩍 타고 넘어야 한다는 것이다.

단정하는 화법은 특히 방송을 하는 사람들에게 치명적이다. 방송에 나와 하는 인터뷰도 대중과 대화하는 자리이다. 인터뷰를 하면서 자기주장을 펼칠 때는 완곡 화법을 써야 한다. 그렇지 않으면 적이 많아진다. 특히 요즘 같은 인터넷 시대에는.

평소 내가 좋아하는 여가수가 얼마 전에 새 앨범 발매와 함께 출연한 방송에서 "이대로 가면 한국 문화계는 망할 것이다"라고 말했다. 이 극단적 표현은 곧 네티즌들의 집중 공격을 받았다. 물론 음반을 사는 사람이 거의 없고 대부분이 온라인에서 음원을 다운로드 받아 듣는 상황이니 그런 말을 한 것은 충분히 이해가 간다. 하지만 문제는 표현 방식에 있다고 보여진다. 지나치게 단정적이고 극단적인 화법보다는 만일 이렇게 말했다면 어땠을까.

"이대로 가다가는 대한민국 문화계가 흔들릴 지도 모른다는 두려움이 들어요."

책을 쓰며 느끼는 것이지만, 정말 말이란 '아' 다르고 '어' 다르다. 어미가 달라지는 것에도 그 뉘앙스가 다르다는 사실이 새삼 느껴진다. 그게 바로 말을 하는 것의 묘미이다.

나는 대화의 기술을 배울 필요가 있으며, 중·고등학교 교과 과정에 협상학이나 대화학을 꼭 넣어야 한다고 주장하는 사람이다. 대화의 핵심은 결국 사람 마음을 얻는 일이고 설득인데, 그 설득과 협상의 기술은 짧은 시간에 되는 것이 아니라 체계적인 공부가 필요하다고 생각하기 때문이다.

내가 아는 후배도 말을 굉장히 단정적으로 하는 편이다.

"나는 고양이라면 질색이야. 강아지는 좋은데, 고양이는 생각만 해도 소름끼쳐."

이렇게 말했는데 상대방이 고양이 마니아라면?

단정적으로 말해버리니, 고양이 좋아하는 사람이 듣게 되면 할 말이 없어진다. 그리고는 속으로 금방 '아, 이 사람은 나랑 코드가 안 맞으니 친해질 수가 없겠구나'라는 생각을 갖게 만든다. 그녀는 이성과의 대화에서도 무척 단정적인 편이다. 그래서 그런지 그녀는 남자가 생겨도 금방 헤어지고 만다. 사물에 대해 가림도 심해서 사람을 쉽게 밀어낸다.

단정적이고 극단적인 말투는 많은 사람에게 거부감을 줄 수밖에 없다. 오래 만나지 않은 사람에게 "성격이 참 조용하신가 봐요" 혹은 "고집이 세 보여요"와 같이 단 한 번의 느낌이나 사실을 마치 그 사람이 전부인 것처럼 단정 짓는 말투도 위험하다. 그 말을 듣는 상대방은 당신과 점점 멀어지려 할 것이다. 말이 극단적인 사람들은 대부분 부정적인 성향의 사람이다. 상황을 좋게 이끌기보다 좋지 않은 쪽으로 표류시키고 만다.

상대방을 긍정적으로 바라보는 사람이 조직을 발전시킨다.

천성이 착하다거나 낙천적이라는 평을 듣는 사람들은 상대방의 장점을 발견하면 그 자리에서 바로 칭찬을 해준다는 사실이다. 이들은 남의 말에 꼬투리를 잡기 전에 칭찬할 요소를 찾으려고 애쓴다.

대화할 때의 기분 좋은 칭찬은 상대방이 더욱 신나게 이야기를 하도록 부추긴다. 부정적인 기운이 남아 있다면 칭찬은 분위기를 중화시켜주는 대화의 특효약이다.

맛있는 디저트 17

칭찬은 사람을 신명나게 만든다. 비즈니스에는 상대방의 단점보다 장점을 발견해주고, 깎아 내리기보다는 추켜 세워주는 화법이 반드시 필요하다.

겸손을 무기로 삼아라

▌ 낮추고 또 낮춘다

"잘 차려진 밥상에서 전 그저 맛있게 먹었을 뿐입니다."

　2005년 대종상영화제에서 「너는 내 운명」으로 남우주연상을 거머쥔 황정민 씨의 수상 소감은 역대 수많은 소감 중 단연 돋보였다. 그의 말 속에 진심으로 녹아있는 겸손과 배려의 화법이 그를 배우로서가 아닌 인간 황정민으로 다시 보게 했다. 이어지는 그의 말이 더욱 주옥같다.

　"나에게도 이런 좋은 상이 오는군요. 항상 마음속에서 생각하고 겉으로 표현하지 못했는데 하나님께 제일 감사드립니다. 사람들에게 일개 배우 나부랭이라고 나를 소개합니다. 60여 명의 스태프들이 차려놓은 밥상에서 나는 그저 맛있게 먹기만 하면 되기 때문입니다. 나만 스포트라이트를 받아 죄송합니다. 트로피의 여자 발가락 몇 개만 떼어가도 좋을 것 같습니다. 그리고 항상 제 옆에 있는 것만으로도 나를 설레게 하고, 현장에서 열심히 할 수 있게 해준 전도연 씨에게 감사드립니다. 너랑 같이 연기하게 된 건 나에게 정말 기적 같은 일이었어. 마지막으로 저희 가족과 사랑하는 동생과 조카와 지금 지방에서 열심히 공연하고 있는 '황정민의 운명'인 집사람에게 이 상을 바칩니다. 열심히 하겠습니다."

미리 준비해둔 멘트라고 해도 배우 황정민이 특별하게만 보이는 멋진 소감이었다.

그가 영화에서 두각을 드러내기 시작한 것은 악역에서였다. 영화 「달콤한 인생」의 악역 연기로 자신의 존재를 확실히 세상에 각인시켰다. '저토록 비열하고 잔인하게 악역을 연기해내는 사람인데 실제 성격은 어떨까', '저 캐릭터처럼 저렇게 냉정할까' 하는 생각이 들었다.

그런 그가 「너는 내 운명」에서 보여준 연기는 그동안의 이미지를 벗고 배우 황정민의 색깔을 또 새롭게 그려냈다. 180도로 돌변한 그는 세상에서 가장 순박하고 순수한 사랑을 연기한 것이다. 그렇게 극과 극을 오가며 현란하게 캐릭터를 소화해내는 사람이 영화에서

자신은 그저 잘 차려진 밥상만 받아먹었다니. 스태프들이 만들어 놓은 스토리와 세트 안에서 자신은 그저 맛있게 연기했다는 겸손한 비유가 놀라웠다.

어떤 배우라도 스태프들의 노고를 알고 있고 영화 전체에서 배우란 그저 스태프 중 한 명일뿐이라지만, 누구도 그 사실을 직접 무대 위로 끌어내지는 못했었다. 먼저 자신에게 영광을 끌어안고 기뻐한 다음에 스태프들을 챙겼다.

지금까지 여러 영화제의 수상 소감에서 "내가 잘해서 이 상을 탄 것 같소"라고 말한 이는 아무도 없다. 모두 겸손한 자세와 말투, 내용으로 감독이나 함께한 스태프 그리고 부모님이나 자신이 믿는 신께 그 영광을 돌린다고 말한다. 으레 나오는 기본적인 인사말이 "제가 이 자리에 있기까지 물심양면으로 보살펴주신 ○○○ 사장님, 응원해주신 부모님과 가족들, 그리고 팬 여러분께 이 영광을 돌립니다" 정도이다. 여기에 살을 붙여서 누구는 복받쳐 울기도 하고 할 말을 잃기도 한다. 사실 지켜보는 사람들조차 상투적인 인사말을 들을 거라고 생각한다.

그런데 황정민 씨의 수상 소감은 그런 좌중의 고요를 깨고 의외의 한 방을 터뜨렸기에 더욱더 효력을 발휘했던 것인지도 모르겠다. 기대하지 않았던 사람에게 기대하지 않았던 분위기에서 진솔한 말을 들으면 온몸에 전율이 난다.

안성기 씨도 자신을 낮추어 겸손하게 말하는 화법으로 유명하다.

그는 얼마 전까지만 해도 자동차를 손수 운전하고 매니저 없이 연기 활동을 했다고 한다. 어느 날 혼자 주차장을 찾는 모습을 보고 후배들이 당황해하자, 그때 이후로 매니저를 두었다는 후문을 들은 적이 있다. 충무로의 후배들이 가장 존경하는 배우라고 평할 정도로 넉넉한 인품으로 사랑받는 사람이다.

데뷔 50년이 넘은 안성기 씨의 롱런 비결에 동료 연기자들은 천성이 선하기 때문이라고 한다. 박중훈 씨는 그런 그를 '양질의 인간'이라는 적절한 한마디로 표현했다. 후배 배우들의 이런 칭찬에 안성기 씨는 사람 좋은 웃음으로 화답한다.

"뭐, 그걸 뭐, 어떻게 해. 허허. '난 아니야, 아니야' 하기도 뭐하지. 하여튼 뭐랄까, 안티는 없는 것 같아. 안성기가 더 잘해줬으면 좋겠다는 아쉬움은 있을 거예요. 말은 안 했어도. 그렇지만 싫어하는 사람은 없는 거 아닌가 생각은 하죠."

그는 옳지 않은 일에 자신이 가까이 간다고 생각할 때 '아유, 가만히 있어봐. 내가 이러면 안 되지'라고 자신을 붙든다고 한다. 하지만 그런 그에게도 누구를 때리거나 강하게 억누르는 연기는 어울리지 않는 콤플렉스가 있다고 한다.

그의 말투나 웃음에서 드러나는 '사람 좋은' 향기는 강하지는 않지만 부드럽게 사람을 끌어당기는 힘이 있다.

가장 높은 곳에 있으면서 오히려 자신을 겸손하게 낮추기 때문에 더욱 빛난다.

익을수록 고개를 숙인다

방송국은 특히 선후배 관계가 확실한 곳이다. 후배가 선배를 깍듯하게 대접하는 건 누가 가르쳐주지 않아도 저절로 익히는 본능적인 자기방어일 것이다.

가정에서도 직장에서도 눈에 보이지 않는 상하관계가 거미줄처럼 얽혀 있으니 우리들은 수많은 상하관계 속에서 산다.

직장 내에서는 사장과 직원의 관계가 형성되고, 세부적으로 들어가면 팀장과 팀원의 관계로 나눠진다. 선배와 후배의 관계도 있다. 남자들끼리는 군대 고참과 후임의 관계도 빼놓을 수 없고, 집에서는 부모와 자식, 형과 동생의 관계도 있다.

후천적인 본능으로 또는 자기방어의 영향으로 소속된 사회에서 윗사람에게 고개를 숙이는 것을 당연하게 생각한다. 그런데 만약 윗사람이 아랫사람에게 먼저 고개를 숙이는 조직이라면 어떨까?

부하 직원이 집무실로 찾아오면 일반적으로 상사는 "무슨 일이야?"라고 묻는다. 그건 지극히 당연한 말이기도 하다. 그런데 만약 이것을 "어서 오게. 그래 내가 무엇을 도와줄까?"라고 묻는다면? 전자의 경우 상대방이 긴장감을 갖게 하고 다소 위압적으로 들린다. 반면 후자는 상대방을 존중하면서도 적극적으로 들어줄 자세가 되어 있다는 어감이다.

결국 "무슨 일이야?"라고 묻는 상사에게는 최대한 비위를 맞출 수 있도록 사안의 핵심보다는 포장에 치우치게 된다. 하지만 "무엇을 도와줄까?"라고 묻는 상사에게는 사안의 요점을 정확하고 논리적으로 설명할 수 있게 된다.

회사의 주인이라는 자리는 칼자루를 쥔 쪽이다. 조직 내에서 누구라도 칼자루를 쥔 사람 앞에서는 고개를 숙이게 되어 있다. 하지만 그 칼자루를 내려놓고 겸손해지면, 직원들이 스스로 회사의 손발이 되겠다며 고개를 자연스럽게 숙인다. 《하이파이브》라는 책을 보면 팀워크를 이루는 마법의 하나로 '공동체 의식'에 대한 이야기가 소개되어 있다.

조직에 정말로 필요한 리더는 '우리 모두를 합친 것보다 현명한 사람은 없다'라는 하이파이브의 법칙을 가장 잘 실천하는 리더가 아닐까?

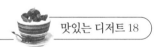

맛있는 디저트 18

이건희 회장의 인생 법칙은 겸손하게 다른 사람의 말을 들어주는 경청이다. 혼자 독불장군처럼 밀어붙이는 것이 아니라 자기보다 유능하다고 생각하는 사람들의 말을 경청했기 때문에 삼성을 세계적인 기업으로 성장시킨 것이다.

모르는 것은 모른다고 하라

삼척동자 경계주의보

세상에서 가장 꼴불견 세 사람은 잘난 척하는 사람, 아는 척하는 사람, 있는 척하는 사람이다. 이름하여 '척 트리오', '삼척동자'이다.

'척'의 사전적 의미는 '그럴 듯하게 꾸미는 거짓 태도나 모양'이다. 한마디로 진심이 아니라 혼자만의 허상 이야기를 한다는 의미이다.

정말 잘난 사람, 정말 유식한 사람, 정말 바쁜 사람은 '척'을 할 필요가 없다. 일부러 표시내지 않아도 사람들이 먼저 알아주기 때문이다.

181

혹시 삼척동자 같은 화법을 한 적이 없는지 꼭 돌아보기 바란다. '척'을 선호하면 자기만족은 이룰지 몰라도 서서히 사람에게서 멀어진다. 특히 대한민국이라는 나라의 문화 안에서는 더욱 그렇다. 삼척동자의 유형을 하나하나 뜯어보자.

'잘난 척'은 외모나 능력을 과신하고 경거망동을 하는 유형이다. 그런데 진짜 잘난 부분이 있어도 잘난 척 같이 비춰지는 것은 아닌가 하며 망설이는 모습은 더 바보스럽다. 누군가 내 잘난 부분에 대해 칭찬하면 극구 부인하거나 사양할 일만은 아니다.

미국은 칭찬하고 답례하는 문화가 발달되어 자기 자랑을 하면 상대방의 관심과 축하를 받는다. 그러면 "Thank you"라고 하면 그만이다. 우리나라는 잘난 것을 잘났다고 서슴없이 말해주고 칭찬하는 문화가 아직 정착되어 있지 않다. 잘난 것이 있어도 숨기는 것이 좋고 그것이 드러나면 잘난 척으로 오인되기도 한다. 한마디로 잘난 척하기 참 어려운 나라다.

잘난 척에도 진심이 필요하다. 내가 진심으로 잘난 부분을 드러내는 데 목적이 있다면 용인될 수 있다. 그런데 그것으로 상대방을 기죽일 나쁜 의도가 있다면 그건 '잘난 척'일 뿐이다.

어떤 질문을 해도 '모르겠다'라는 말을 절대 하지 않는 사람이 '아는 척'하는 사람이다. 그들은 최대한 아는 범위 내에서 이야기하고 잘 모르는 것은 얼버무려 마무리 짓는다. 이런 사람들은 스스로 지식을 쌓기 위해 신문이나 책을 즐겨 보지만, 모든 면에서 유식한

사람이란 있을 리 없지 않은가. 모르는 것은 모른다고 대답할 수 있는 사람이 정말로 용감한 사람이다.

"나는 잘 모르겠는데, 우리 다음에 만날 때 알아 와서 다시 이야기하자"라고 솔직하게 이야기하는 것이 훨씬 인간적이다. 아는 척하는 사람들의 함정은 자신이 뱉어 놓은 말 때문에 나중에 곤욕을 치를 수 있다. 일단 과장되게 이야기를 부풀려 놓고 뒷수습이 되지 않으니 신뢰를 잃게 된다. 또한 다른 사람에게 얻을 수 있는 새로운 지식을 얻을 수 없다. 모른다고 하면 주위에서 이야기를 해주겠지만, 안다는 사람에게 굳이 정보를 다시 말할 사람은 없다.

잘난 척, 아는 척보다 더 위험한 것이 바로 '있는 척'이다. '척'하는 사람들의 공통점인 언변이 뛰어난 동시에 갖가지 현란한 위장술로 감쪽같이 포장하는 능력도 뛰어나니 주의 요망이다.

'척'은 이 외에도 바쁜 척, 예쁜 척, 귀여운 척, 착한 척 등 셀 수 없이 많다. 인간이 욕망하는 좋은 것들은 모두 '척'으로 귀결되는 것 같다.

바쁜 척하는 사람치고 정말 잘나가는 사람은 없다고 생각한다. 그 사람은 시간경영을 제대로 하지 못하는 사람이다. 누군가를 만나 잠깐 커피를 마실 단 30분의 여유도 없는 사람이라면 하루 24시간을 매우 비효율적으로 쓰고 있을 가능성이 높다.

"바쁘다"는 핑계는 사람을 피하는 가장 좋은 구실이다. 상대방은 그것을 모르고 착하게 속지만은 않는다. 한두 번 핑계가 반복되면

'아, 이 사람이 나를 만나기 싫어하는구나', '앞으로도 바빠서 보지 못하겠군'으로 결론짓고 멀리하게 된다.

진짜 바쁜 사람은 어떻게든 시간을 내서 사람을 만나려고 한다. 바쁘다고 나를 포장하는 것은 당신의 업무에도, 인생에도 정말 아무런 도움이 되지 않는다.

다들 알겠지만 '삼척동자'는 키가 석 자밖에 되지 않는 어린아이를 뜻한다. '척'을 너무 좋아하면 마음의 키가 어린아이 수준에서 머무르게 될지 모른다.

▌채우고 비우기

사람 사이에서 오고가는 말은 우물에서 물을 긷는 것과 같다고 할 수 있다. 맑고 깊은 우물을 갖고 있는 사람에게서는 많은 양의 물을 길을 수 있다. 퍼 올리고 또 퍼 올려도 마르지 않는 그런 사람을 만난다면 나는 매우 긍정적인 자극을 받을 것이다.

우리는 가끔 정말 대단한 사람과 마주칠 기회가 생긴다.

'아, 저 사람은 어떤 복을 타고 나서 저런 존경할 만한 인생의 궤적을 가지고 있을까?'

나는 그 사람에게 많은 것을 얻고 배우려고 열심히 애를 쓴다. 그렇게 하면 내 우물도 차오르기 시작한다. 세상에는 많은 사람이 있

지만, 내가 닮고 싶은 사람, 나의 멘토가 되고 나의 우물이 되어 주는 사람, 평생을 메마르지 않고 내 자신의 우물에도 물을 채워 줄 수 있는 사람이 가까운 곳에 있다는 것은 정말 행운이며 그 사람을 매일 보고 조언까지 얻을 수 있다면 금상첨화이다. 당신은 그런 사람이 곁에 있는가?

그런 사람을 만나기 위해서는 우선 자기 자신이 솔직해야 한다.

내가 모르는 것이 많고 부족한 점이 많다고 생각되면 다른 사람에게서 배울 것이 더욱 많아진다. 그리고 서로 우물을 나누는 선후배, 친구, 동반자가 있다면 당신의 인생은 훨씬 더 촉촉해질 것이다.

당신 주위도 한번 둘러보길 바란다. 내가 알고 있는 사람들의 우물에 한 줄의 정의를 내려 보는 것이다. 그 사람이 가진 인격과 지혜의 특징을 적어보라.

김○○ – 사려 깊고 인내심이 많음. 음악에 조예가 깊음.

이○○ – 쾌활하고 적극적임. 연애박사.

조○○ – 말이 많고 성격이 급함. 방송계에 인맥이 넓음.

그렇게 써놓은 우물 리스트에서 내가 퍼 올리고 싶은 우물은 누구의 것인지 생각해보자. 내가 부족하다고 생각되는 것은 인정하고, 그들의 우물에 두레박을 보내보라.

반대로, 누군가 내 우물에서 물을 긷고 있지는 않은지 생각해볼 수 있다. 나는 하찮다고 생각하는 것이 누군가에게는 생산적인 자극과 귀감이 되고 있을지 모른다. 내가 영향을 미치는 사람이 있다고 생각되면 행동을 함부로 할 수 없게 된다. 우물의 물을 흐리는 일은 하지 않으려고 하고 더 좋은 물을 채우려고 노력하는 데 집중할 것이다.

내가 가진 우물을 채우기만 하면 안 된다. 채운다는 것은 곧 비워내기 위해서다. 맛 좋은 물은 마신 다음 나눠주고 다시 좋은 물을 채우고 또 다시 비우는 일을 반복해야 한다. 모르면 모른다고 당당하게 말하고, 모르는 사람이 주위에 있다면 내 지식을 나눠주자.

그렇게 좋은 물이 사람을 타고 흐른다면 내 주위 사람들이 모두 맛 좋은 우물을 가지게 될 것이다. 어느새 좋은 사람들이 주위에 넘실대게 된다.

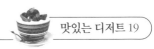

맛있는 디저트 19

모른다고 말하는 것을 두려워하지 말자. 모르면 모른다고 말해야 그 분야에 대한 정보를 얻을 수가 있다.

가까운 사이일수록 존중하라

▌ 부하직원을 공경하는 상사

우리나라는 직장인의 상사 만족도가 낮은 나라 중 하나라고 한다. 바꿔 말하면 직장 상사에 대한 불만이 높은 나라이다. 상사에 대한 험담은 한두 번, 아니 수십 번 이상 술자리의 좋은 안주거리가 되어 왔을 것이다.

강남 일대 포장마차에 오는 손님 대부분이 상사에 대한 욕을 하며 술로 만신창이가 된다고 하니, 상사에 대한 스트레스는 개인적인 문제가 아니라 사회적 문제 그리고 기업의 발전을 가로막는 유해 요인이다. 술자리에서 도마에 오른 상사는 천하에 극악무도한 인간이 되어 버린다. 정말 우리나라 기업의 상사들은 하나같이 한심하고 못된 인품을 갖고 있는 것처럼 보일 정도다.

당신도 상사에 대한 험담을 해봐서 알겠지만, 한번 비난이 오고가다 보면 그 자리에 모인 멤버들은 한몸이 되어 하나의 목소리를 낸다. 누군가 사건의 정황을 이야기하면 그와 유사한 경험이 있는 사람의 이야기가 봇물 터지듯 터져 나오고 그 모든 분노의 근원을 한 명의 상사로 매도하며 '뒷담화'는 절정에 달한다. 묘한 군중심리로 인해 누구 하나 상사를 두둔하는 이도 없다. 만장일치로 '나쁜 인간'이라는 결론이 지어진다. 아주 퍼펙트하게!

밀가루 반죽을 치대면 치댈수록 더 쫄깃하고 맛있게 반죽되듯, 서로 맞장구치는 흐름 속에 상사에 대한 험담은 험담 그 자체로 놀이가 되는 것 같다. 어느새 술맛과 말의 맛을 좋게 만드는 최고급 안주가 되어 버린다.

나도 비슷한 경험을 한 적이 있다. 누군가에 대한 불만이 있는 사람끼리 모여서 한 사람을 신나게 와삭와삭 씹은 경험 말이다. 그런데 집으로 돌아가는 길이 왜 그렇게 허무하게 느껴지던지! 불쌍한 것은 우리에게 씹혀 너덜너덜해진 대상이 아니라 황폐해진 내 마음이었다. 그리고 이런 험담을 할 수 밖에 없는 우리의 처지를 더 비관하게 된다.

누군가를 험담하는 시간 동안 모여 있던 사람들끼리 서로에 대한

이야기는 거의 하지 못했고 아무것도 해결된 것은 없었다. 차라리 의견을 모아 해결책을 궁리하고 더 이상 그런 험담이 오고가지 않아도 될 만큼 혁신적인 조직을 만들어보자고 결의했다면 어땠을까. 삶의 돌파구를 찾기 전에 하릴없는 말잔치만 벌인 것 같아 내 자신이 무척 옹졸하게 느껴졌다.

험담을 하는 입장은 그 술자리로 스트레스를 풀어보기 위함, 그 이상도 이하도 아니다. 그 간소한 악의로 바꿀 수 있는 것은 아무것도 없음을 아는 힘없는 자들의 조용한 반란 정도일 뿐이다.

변화가 필요한 쪽은 상사들의 세계다. 보통 직장인들은 무능한 상사보다 독선적인 상사를 더 싫어한다. 무능하면서 독선적인 상사라면 최악이다. 그런데 거기에다 부지런하기까지 하다면 정말로 최악이다.

부하직원들의 의견을 종중하고 격려하는 모습이 부족한 것이 우리 직장의 현실이다. 나이를 먹고 직책이 높아질수록 겸손하기보다는 군림하려는 욕심이 서서히 고개를 드는 것 같다. 대접받고 대접해주는 관계가 어느 정도 용인이 될 수 있지만 도를 넘게 되면 부하직원들의 폭발이 당연한 경우도 있다.

가장 대표적인 것이 공로를 가로채는 것이다. 함께 밤새워 일한 프로젝트를 팀장의 권한으로 독점하고 마치 자신의 아이디어인 것처럼 포장한다면 팀원들은 극도의 배신감을 느낄 수밖에 없다. 만약 자기 공이 컸다고 해도 팀원의 공으로 돌리는 상사라면 어떤가. 그렇게 된다면 팀원들은 도리어 팀장을 추켜세울 것이다. '내가' 했다고 하지 않고 '우리'가 했다고 이야기하는 것이 조직을 이끄는 상사의 좋은 화법이다.

대화가 진심으로 이뤄져야 하듯 비즈니스 전선에서도 진심이 발휘되지 못하면 조직이 와해될 수 있다. 지금 우리의 모습은 가면을 쓴 부하직원과 권위와 허세에 찌든 상사가 연기하는 슬프도록 우울한 연극 같다.

올챙이 적에 상사 욕을 하던 사람도 대부분 자신이 상사가 되면 똑같은 전철을 밟는다. 시집살이 당한 며느리가 나중에 똑같이 자기 며느리 시집살이시키는 것과 비슷하다. 이 악순환은 누군가 자진해서 적절하게 끊어줄 필요가 있다.

나부터 변해야 조직이 변한다. 하루 중 가장 많은 시간을 보내는 조직원들과 인간적인 유대를 갖지 않고는 비즈니스에서 성공할 수 없다. 그들을 하나의 대상이 아니라 인간으로 대할 때 그들은 진심으로 따라오고 상사는 존중받을 수 있다.

조직에서 좋은 상사의 시초를 마련해서 적극적으로 공표하는 것도 좋은 대응책이라고 생각한다. 경영 마인드 자체가 그런 쪽으로 흘러간다면 조직도 유연해질 것이다.

가까운 사이에서 피해야 하는 세 가지 말

발타자르 그라시안이 쓴 《성공을 위해 밑줄 긋고 싶은 말들》 중에 다음과 같은 내용이 있다.

그다지 가깝지 않은 사람들이 비난할 때에는 나쁜 말을 하더라도 쉽게 들어 넘길 수 있다. 내가 정말 못나서가 아니라, 그 사람들이 나를 잘 모르기 때문에 그런 말을 하는 거라고 생각할 수 있기 때문이다.

하지만 친구나 가족에게 나쁜 말을 들으면 깊이 상처를 받게 된다. 그러므로 친구나 가족을 단정적으로 판단하지 않도록 주의해야 한다. 그들의 모습 그대로를 사랑하도록 하라.

그래도 굳이 싫은 소리를 해야 할 경우가 생긴다면, 사랑과 존중의 의미를 담아서 건설적으로 하라. 그들에게 상처를 주어서는 안 된다.

사람에게 가장 가까운 사이로 가족을 들 수 있다. 가족은 '특별한 다른 사람'이라고도 한다. 나를 제외한 모든 사람은 다른 사람이지만, 그 중에서 가족은 혈연으로 형성된 매우 특별한 관계라는 것이다. 한집에서 끼니를 함께하는 사람이라는 뜻으로 가족을 '식구'라고도 한다. 가장 근본적인 것을 함께하는 사이다. 바깥에서는 아무리 푸대접을 받아도 집에 돌아가면 자랑스러운 남편이고, 세상에서 제일 예쁜 딸이 된다.

서로 잘 되는 것을 기대하고 격려하며 경쟁보다는 협력이 우선인 유일한 공동체, 가족. 이 안에서도 상처와 아픔은 존재하니 안타까울 뿐이다.

부모님께 핀잔을 듣고 펑펑 울었던 경험은 한 번 정도는 있을 것이다. 다른 사람에게 들었다면 웃고 지나칠 말인데도, 나를 정말 사랑한다고 믿었던 부모님이 그랬기 때문에 서럽게 울게 된다. 서로 편하고 스스럼없는 사이인 경우에 조금이라도 모가 난 말은 더 큰 상처가 될 수 있다.

나는 가까운 사이에 다음의 세 가지 말은 피해야 한다고 생각한다. 상처가 되는 말, 기를 꺾는 말, 멀어지게 하는 말.

특히 자녀교육이나 부부관계의 언행에서 중요하다. 가장 허물없이 지내는 가족이라는 관계 내에서는 서로 격식을 차리거나 존중하는 일이 불필요하게 생각될 때가 있다. 끊으려고 해도 끊어질 수 없고 언제나 내가 원하면 받아주는 '가족'이라는 존재의 편안함 때문일까. 남보다 더 아무렇게나 대하는 일도 종종 생긴다.

내가 하는 말이 상대방의 입장에서는 상처가 될 수 있다는 걸 주의해서 말하는 습관이 필요하다. 그 대상이 한창 감수성이 예민한 자녀일 경우 인성발달에 큰 장애로 작용할 수 있다. 내가 감정에 취해서 함부로 내뱉은 말이나 내 관점에서 옳은 말이라도 뒤집어보면 전혀 다른 의미로 다가오는 예가 많다.

사람을 멀어지게 하는 말은 단정적이다. 상대방을 단정하여 평가하거나, 자신의 생각 틀 속에 상대방을 억지로 가두려고 할 때 문제가 발생한다. '나와 다르다는 건 틀린 것이 아니다'라고 마음속으로 인정하면 많은 도움이 된다.

공부를 잘하지 못하는 딸에게 "왜 너는 그것밖에 못하니"와 같은 말은 치명적인 상처를 주는 동시에 기를 꺾는 화법이다. 단순히 꾸중을 들어서 기분이 상하는 것보다 '나를 사랑한다고 느꼈던 부모에게서 바보 취급을 받았다'는 사실이 더 견딜 수 없게 느껴지기 때문이다.

가까운 사이를 멀어지게 하는 화법도 있다. 바로 가까운 사이이기 때문에 너무 편하게 생각하고 직선적으로 쉽게 말해버리는 경우다. 농담 반 진담 반으로 "못생겼다"는 말을 반복적으로 한다거나 "우리는 안 돼" 등으로 함께 동반추락시키는 말투가 대표적이다.

가족이라면 아예 안 만나고 살 수는 없겠지만 점점 마음을 조금씩 닫게 되고, 친구의 경우에는 점점 멀리하게 될 것이다.

가까운 사이라고 무조건 편하게 장난치고 아무렇게나 대해도 되는 것은 아니다. 편하게 다가간다고 생각하겠지만, 상대방은 그 이상 뒤로 멀어질 수 있다. 사실 가족이란 존재조차도 특별한 다른 사람일 뿐이 아닌가.

가까운 사이인 경우보다 어설프게 아는 사이일 경우 좋지 않은 화법은 더 큰 오해를 불러온다. 만약 처음 누군가를 만난 자리에서 등이 파인 옷을 입었다는 이유로 "노출의상을 좋아하시나 봐요?"라고 한다면 어떤가. 여러 번의 만남으로 어느 정도 서로를 알고 이야기할 상황이 아니라면 내가 의도하지 않은 큰 오해를 상대방이 할 수도 있다. 한두 번의 만남으로 상대에 대해 섣불리 단정하는 것은 위험한 일이다.

　진심으로 상대를 알아가기 전까지는 섣불리 단정해서는 안 된다.

맛있는 디저트 20

가족이나 친구, 동료처럼 가까운 사이에는 상처가 되는 말, 기를 꺾는 말, 멀어지게 하는 말은 되도록 피하자.
가까운 사이일수록 서로 더욱 존중하려는 노력이 필요하다. 기대가 클수록 애정의 기준치도 높아지는 법이다.

상대방의 입장에서 말하라

마음의 상자에서 빠져 나오기

세계적인 학술협회인 아빈저 연구소에 따르면 우리들 대부분은 자신만의 '상자'에 갇혀 있다고 한다. 극소수의 사람만이 상자 밖에 있고, 사람들 대부분은 상자 안에 갇혀 있다.

그 상자 안에서 우리는 자기기만에 빠지고 상자 밖의 다른 사람을 비난하면서 내 생각만을 정당화시키려고 애쓴다는 것이다. 내 상자 안에서는 다른 사람의 상자를 들여다 볼 수 없는 것이다. 또한 아빈저 연구소의 저서《리더십과 자기기만》에 다음과 같이 개인이나 조직이 자기기만에 빠지는 원리를 비유한 사례를 소개하고 있다.

1800년대 중반 유럽에 세멀바이스라는 산부인과 의사가 있었다. 그는 오스트리아 비엔나 종합병원에서 일하고 있었는데 그곳은 중요한 의학연구소이기도 했다. 그런데 그 병원의 산부인과 병동 중 유독 세멀바이스가 맡고 있는 병동의 분만실에서만 여성들의 사망률이 끔찍하게 높아져만 갔다.

산모들의 병명은 산욕열이라고 밝혀졌다. 그 시대의 전통의학 상식으로는 몸에 고인 피가 부기를 일으킨다고 생각하고 의사들이 환자의 피를 직접 빼거나 거머리를 이용해서 빼기도 했는데 다른 열병도 이런 방식으로 치료했으므로 산욕열도 같은 방법으로 치료했다. 이 환자들이 호흡곤란 상태가 되면 공기가 나빠서라고 판단하고 환기구를 모두 바꾸기도 했다.

하지만, 사망률은 줄어들 줄을 몰랐다. 산욕열에 걸린 여성들은 며칠 안에 사망했다. 점점 이 병동에서 아이 낳기를 꺼려하는 산모들이 늘어나자 세멀바이스는 고민에 빠졌다. 하지만 왜 다른 병동보다 자신의 병동이 사망률이 높은지는 전혀 알 길이 없었다.

분명 차이를 만드는 요인이 있을 거라 생각하고 분만자세나 환기와 식단, 세탁방식도 모든 병동에 동일하게 적용시켜 추이를 지켜봤지만, 여전히 사망률의 변화는 없었다.

그런데 세멀바이스가 출장으로 병원을 떠나 있던 며칠 사이 아

주 놀라운 결과가 벌어졌다. 그 기간 동안 사망률은 기존의 10분의 1대로 떨어진 것이다. 그 이유는 이랬다.

그는 평소 시체연구도 병행하고 있었는데, 그에게 묻어 있던 시체의 세균들이 산모를 다루면서 산모의 몸에 감염된 것이었다. 그가 자리를 비운 사이 다른 의사들에 의해 산모가 다루어졌고 당연히 세균의 감염이 없으므로 산모는 산욕열에 걸리지 않았던 것이다.

자신도 알지 못하는 사이 세멀바이스 자신이 환자들에게 세균을 옮기고 있었다는 말이다.

이런 자기기만 행위는 조직 내에서도 발생한다. 내가 조직을 병들게 하고 발전을 가로 막고 있다는 사실을 인지하지 못한 채로 자기기만에 빠져버리는 것이다.

우리는 본능적으로 직장의 동료나 상사에게 도움을 주어야 한다는 것을 인지한다. 그런데 이것을 실천하고 사는 사람은 과연 몇이나 될까? 마음속의 목소리는 '해야 한다'고 외치지만, 자기기만의 과정을 거치면서 끝내 행동까지 당도하지 못한다.

결론은 '나도 바쁜데 누굴 돕는다는 거야', '저 사람이 내가 도와준다고 알아주기나 하겠어?' 등의 자기 합리화 쪽으로 진행된다. 자기 합리화의 함정에서 빠져 나오는 방법은 바로 상대방을 대상이 아니라 나와 똑같은 인간으로 보는 것이라고 한다. 가족을 귀찮은 대상이 아니라 소중한 사람으로 대하고, 상사를 지긋지긋하고 한심한 대상이 아니라 자식들을 위해 피땀 흘리며 고생하는 부모의 한 사람으로 보라는 것이다.

자신만의 상자에서 나오는 것은 다른 사람과 소통하는 것을 의미하는 것이다. 대화도 소통이고 설득이다.

미국에 '브라이언 간호사의 원칙'이라는 것이 있다. 브라이언이라는 간호사는 환자를 치료할 때, '과연 이 방법이 환자를 위해서 할 수 있는 최선인가?'라는 생각을 먼저 한다고 한다. 그 치료를 해야 하는 간호사로서가 아니라 하나의 생명을 책임지는 사람으로서 진심으로 상대를 배려해주는 것이다. 이 원칙을 우리들의 일상과 조직 생활에 적용해보면 어떨까?

상대방을 배려하고 그 사람의 입장에서 생각하려고 한다면 대화가 단절될 일이 없다. 상대방도 나와 똑같은 인간이라고 생각하고 객관적인 입장에서 생각해보면 인간관계에서 대화로 풀어내지 못할 문제가 없을 것이다.

┃ 콤플렉스를 건드리지 않는 화법

"어느 대학 나오셨어요?"

"집은 몇 평이세요?"

"이번에 그 집 아이는 어느 대학에 들어갔어요?"

이런 질문은 사람을 만났을 때 피해야 할 대표적인 질문들이다. 요즘은 이혼 하는 커플도 많아서 부인이나 남편의 이야기를 초면에 묻는 것도 실례가 된다. 사실 묻지 않아도 좋은 학교를 나왔거나 넓은 평수에 산다면 자진해서 그 이야기를 꺼내게 되어 있다. 그러니까 내버려두자. 내가 가진 장점으로 상대방을 주눅 들게 만드는 화법은 나쁜 것 중에서도 최악이다.

조직에서 유독 밉게 보이는 사람이 있다. 하는 말마다 거슬리고 영 마음에 안 든다. 그 사람은 정말 당신이 생각하는 대로 잘못된 사람일까? 당신의 비난을 받아 마땅한 사람이 확실할까? 그 약점을 말함으로써 단 한 번이라도 상대방이 변화하기를 바란 적이 있는지 가슴에 손을 얹고 돌이켜보기를 바란다. 비난은 단순히 나와 다른 상대, 사회의 표준에 크게 못 미치는 성향에 대한 반발일 뿐 상황을 개선시키는 것에는 실패한다.

한 사람을 변화시키는 것은 듣기 싫은 비난이 아니라, 마음을 따뜻하게 하는 칭찬이다.

오랫동안 방송계에서 여러 교양 프로그램의 MC를 맡고 있는 임성훈 씨의 화법을 눈여겨보자. 그는 게스트들의 약점을 건드리지 않고 장점을 부각시켜주는 진행자로 유명하다. 모두가 그의 방송에 출연하면 편안함을 느낀다. 어떤 게스트가 나와도 먼저 장점을 발견해서 말해주려는 의지가 돋보이고 단점도 무안하지 않도록 감싸 안는다. "에이, 그런 것 같은데 뭘 그래요?"라며 집요하게 파고들지 않고, "그래도 괜찮아요"라고 덮어주는 미덕이 있다.

일부 진행자는 출연자들의 콤플렉스나 허술한 면을 재미의 요소로 활용하거나 뛰어난 말재간으로 특정인을 궁지에 몰아넣는 식의 진행을 즐긴다. 특정인에 대한 인신공격은 보는 사람에게 재미를 느끼게 해주기 때문이다.

하지만 방송이나 생활에서나 남을 비하하는 것처럼 바람직하지 못한 화술은 없다고 생각한다. 누구나 하나씩은 가지고 있는 약점 부위를 건드린다는 것은 처음부터 공정하지 못하니까 말이다. 스스로 노력하지 않고 있다는 것을 반증하기도 한다. 나를 높일 수 없으니 남을 깎아내려서 밟고 올라가려는 심리가 엿보인다.

한때 잘나가던 한 방송인은 지나치게 직설적으로 출연진의 치부를 건드리는 화법으로 빈축을 사기도 했다. 그는 결국 신임을 잃은 후 방송 3사를 전전하다 끝내 사라지게 되었다.

토크쇼 도중에 진행자가 게스트의 콤플렉스를 건드려서 녹화를 마치기도 전에 마이크를 던지고 나가는 웃지 못할 사건도 있었다. 지금은 결혼해 잘살고 있는 사람이었는데 진행자가 그의 젊었을 때 치명적인 스캔들에 대해 들춰내는 바람에 벌컥 화를 냈던 것이다. 방송이 엉망이 된 것은 둘째 치고, 아직도 서로가 평생을 원수 사이로 지내고 있다.

단 한 번의 말실수도 그처럼 씻기 어렵다. 마음속에 좋지 않은 감정은 말로써 언젠가는 터지게 마련이다. 서로가 진심으로 대하지 않았기 때문에 그 사이는 언젠가는 깨져도 깨질 사이였던 거다.

사람을 볼 때 항상 좋은 쪽만 보이는 것은 아니다. 더 많이 겪은 사이일수록 차차 단점도 드러나고 나와 맞지 않는 부분도 눈에 띈다. 이것을 굳이 들추고 확대시키면 상대방은 상당한 불편함을 느낄 수밖에 없다. 그때 상대방이 내 치부를 들추고 보복성 공격을 하면 나도 함께 불편해지고 화가 나기 시작한다. 서로 헐뜯는 화법은 절대 끝나지 않는 앙갚음의 관계로 악화되고 만다.

가장 확실한 단면을 정치토론장에서 볼 수 있다. 여야 간의 토론에서 서로 정책 공방을 계속하다가 답이 나올 것 같지 않자 철 지난 비리나 선거자금 문제를 들추며 인신공격으로 치닫는 일처럼 말이다. 그때부터 코미디는 시작된다.

상대방의 콤플렉스가 눈에 보일수록 그 콤플렉스를 거꾸로 칭찬해보자. 눈이 작은 사람에게 "속눈썹이 참 예쁘세요", 키가 작은 사람에게는 "어깨가 넓어서 남자다워 보이세요"라는 말은 상대방을 기분 좋게 한다. 상대방의 콤플렉스를 덮어줄 만한 요소를 발견해주는 것이 성공하는 대화의 지름길이다.

성형외과 의사인 홍성호 씨는 식당에 가면 종업원들의 명찰을 눈여겨 본다고 한다. 식당에서 '저기요', '여기요' 등으로 사람을 부르는 것이 아니라, "○○ 씨, 오늘은 얼굴이 참 좋아 보이네요"와 같이 이름을 불러주면서 말을 건넨다. 그래서인지 그는 여성들에게 인기가 많다. 그는 택시를 탈 때도 기사의 이름을 불러준다. 상대방을 최대한 존중하면서 주변 사람을 기분 좋게 만드는 유머 화법을 종종 쓰고는 한다. 특히 상대방의 이름을 기억하고 불러주는 세심함이 사람들을 기분 좋게 만드는 것이다.

평소에 이름을 불릴 기회가 전혀 없는 사람들은 누군가가 이름을 불러 주었을 때 존재감을 확인한다. 단 한 번 마주친 사람이 내 이름을 기억해주는 것이 얼마나 감동적인 일일까? '내가 그렇게 인상 깊은 사람이었나' 하며 다시 한번 돌아보게 되고 자신감도 얻게 된다.

콤플렉스를 건드리지 않을 뿐 아니라, 그것을 덮어주려는 사람이 정말 멋지다.

맛있는 디저트 21

상대방의 장점을 먼저 발견하려고 노력하자. 그리고 약점이나 콤플렉스는 알고 있다고 해도 절대로 이야기하지 말자.

심영철 교수의 배려 화법

    내가 아는 사람 중 부드러움을 몸소 실천하는 이가 있다. 아트앤
랜드스케입 연구소를 운영하고 있는 수원대 조형예술학부 심영철
교수다. 그녀는 스스로 '사랑스러운 것'을 좋아하는 천성을 갖고 있
다고 말한다. 그러니 부드럽고 달콤하고 사랑스러운 대화를 할 수밖
에 없을 것이다.

    그녀의 사랑 에너지를 한몸에 받는 사람들은 그녀의 제자들이다.
그녀는 상대의 장점을 집어내는 능력이 탁월하다. 단점은 잘 보이지
않는다면서 사람은 누구나 99퍼센트의 장점과 1퍼센트의 단점으로
이루어졌다는 믿음이 그것을 가능케 했다고 한다. 학생들을 대할 때
도 그 학생이 잘하는 것을 사람들 앞에서 공개적으로 표현해준다.

    "우리 ○○○는 얼굴도 예쁘면서 작품도 멋지네."

    "성격만 좋은 줄 알았는데 실력도 좋구나."

이런 칭찬은 학생들을 신나게 한다. 때때로 학생이 작품을 엉뚱하게 해석해내면, 나무라기보다는 부드럽게 돌려 말한다.

"아, 그래. 그것 참 기발한 발상이구나. 그것도 너무 좋은데, 여기서는 이런 쪽으로 생각해보면 어떨까?"

학생을 학생 이전에 자존심을 가진 한 인간으로 대하는 그녀의 배려 화법이다. 잘못을 지적하기보다는 일단 동조를 한 다음 의견의 반목을 풀어간다. 그녀의 과목이 결석률 0퍼센트대를 고수하고 있다는 것은 그녀가 베푼 사랑만큼 사랑을 받고 있음을 반증한다.

학교와는 다르게 그녀가 운영하는 연구소는 다양한 기업체와 사업적인 접촉이 이루어지는 곳이다. 여러 프로젝트를 수행하면서 때로는 의사소통이 어려운 클라이언트를 만나기도 한다. 그녀는 인간적 끈끈함을 드러내기 위해 자신이 조금은 허술하고 연약한 인간임을 거짓 없이 드러내는 편이다. 그녀는 항상 솔직하게 말한다.

"전 이런 쪽에 좀 약해요."

"이상하게 난 잘 안 되던데, 좀 도와주실래요?"

골프장이나 빌딩의 조형물을 의뢰하는 관계자들은 사업적인 안목으로 조형물을 평가하기 때문에 예술가와의 관점 차이가 생기게 마련이다. 예를 들면 작품에 대해 프레젠테이션할 때, 해당 조형물을 받아주는 조건으로 다른 것도 덤으로 만들어 줄 수 있냐는 요청이 종종 있다. 그런 주문은 돈의 문제를 떠나서 예술을 다루는 그녀에게 힘이 빠지게 한다. 그런데 그 자리에서 그녀는 "네, 제가 기쁜 마음으로 선물해드릴게요"라고 기분 좋게 대답한다. 작품을 물건 거래하듯이 덤으로 오고가는 것은 정말 자존심이 상하는 일이지만, 그 자리의 클라이언트를 실망시키지 않기 위해 부드러운 표현으로 프로젝트를 성사시키는 것이다.

그녀가 가진 이런 부드러움의 근원은 어머니다. 그녀의 어머니는 어릴 적부터 항상 긍정적이고 좋은 이야기만 들려주었다고 한다. 그런 어머니의 영향을 받았는지 지금 그녀의 딸에게도 똑같은 교육법을 쓰고 있다. 얼굴에 난 여드름이 콤플렉스인 딸에게 "아냐, 엄마는 세상에서 네가 제일 예뻐. 우리 보니따!"라고 말하며 안아준다. 보니따(bonita)는 스페인어로 '예쁘다'는 뜻이다.

그녀의 배려와 부드러움은 이렇게 많은 사람들에게 영향을 끼치고 많은 것이 실현되도록 이끄는 원동력이 된다.

비즈니스와 연애는
대화가 99퍼센트다

| 정곡 |

요점만 간단히 말하라

▌꼭 필요한 말로 압축하자

브리핑이나 프레젠테이션을 할 때 유용하게 인용되는 법칙이 소위 'KISS(Keep It Simple, Stupid) 법칙'이다. 아무리 머리가 나쁜 사람이라도 알아들을 수 있도록 쉽고 간단하게 말하는 것이다. 이 중 'S'에 대한 의견이 다양하게 제시되고 있는데, 혹자는 'Stupid'를 빼고 'Smart'를 추가하기도 한다. 'Keep It Simple, Smart'.

꼭 필요한 말만 간단하게 정리정돈해서 말해주면 설득력이 높아진다.

208

연설에서도 쉬운 화법을 강조하는 흐름인데 우리는 프레젠테이션을 하거나 협상의 자리에서 미사여구로 말을 과장하고 싶어하는 우(愚)를 범하기도 한다. 진부한 표현으로 뜸을 들이거나 영어 또는 전문용어를 남발해서 마치 내용 자체가 전문적인 것처럼 포장하려고 하는 일이 흔하다는 얘기다.

오히려 쉽고 단순한 표현들이 더욱 많은 사람의 귀를 열게 하고 마음을 움직일 수 있다. 화술의 고전이라 불리는 래리 킹의《대화의 법칙》에는 이 KISS 법칙이 어떻게 일상 화법에 적용되는지 언급하고 있다.

모든 일상에도 KISS 법칙은 적용됩니다. 있는 그대로 꾸밈없이 쉽고 단순한 게 좋습니다. 너무 꾸미거나 어렵고 복잡하면 감동은 커녕 오히려 역효과를 내기 쉽습니다.

비즈니스를 성공으로 이끄는 스몰토크

스몰토크는 가볍고 편안한 일반적인 주제로 누구와도 부담없이 나누는 말을 의미한다. 이 스몰토크는 관계를 부드럽게 하고 대화의 계기를 만들어준다.

내가 자주 찾는 한 서울 근교 음식점에 아주 인상 깊은 지배인이 있다. 그는 잘나가는 기업체 간부자리를 박차고 나와 서비스업에 뛰어들었다. 아는 사람과 동업으로 식당을 개업하게 되었고 하루하루 새로운 사람들에게 맛있는 음식을 대접하는 일에 매우 보람을 느끼고 있는 분이다.

지인의 소개로 그곳을 찾은 날, 나는 하루 종일 기분이 좋지 않았던 터라 맛있는 음식으로 스트레스를 풀어볼 요량이었다. 브로콜리 수프를 애피타이저로 먹으면서 내 머리는 온통 다른 상념들로 차 있었다. 먹는 둥 마는 둥 수프를 홀짝 거리는 내게 지배인이 다가와 말을 건넸다.

"손님, 저희 브로콜리 수프 맛이 마음에 들지 않으셨나요? 혹시 헬리코박터파이로리라는 균 들어 보셨나요? 위암과 위궤양을 유발하는 아주 나쁜 균이죠. 그 균을 없애주는 설포라페인이라는 성분이 바로 이 브로콜리 안에 들어 있습니다. 알고 계셨나요? 스트레스를 많이 받는 사람일수록 브로콜리를 많이 섭취하면 좋아요. 브로콜리에 함유된 풍부한 비타민 A는 피부나 점막의 저항력을 강화해서 감기나 세균의 감염을 예방하는 데 탁월한 효과가 있지요. 비타민 C가 레몬의 두 배나 들어 있어서 빈혈을 예방해주는 효과도 있고 활성산소를 억제하여 노화를 막아주죠. 비록 음식 맛이 마음에 안 드시더라도 이 좋은 채소를 안 드시면 손해겠죠? 기분이 언짢은 일이 있으시다면 브로콜리 드시고 힘내세요."

처음에는 이 지배인의 태도가 다소 부담스럽게만 느껴졌다. 그런데 전문가처럼 브로콜리에 대해 구구절절 읊어대는 모습이 매우 이색적이었다. 게다가 내 마음을 읽기라도 한 듯 처방전까지 내려주는 정성에 저절로 마음이 열렸다. 나는 남은 브로콜리 수프를 깨끗하게 먹었고, 지배인에게 고마움을 표시했다.

"제가 여기 오는 내내 고민이 있었거든요. 여기의 브로콜리 수프는 아주 맛이 좋았어요. 다 먹고 나니 정말 한결 기분이 개운해지는데요?"

그는 나와의 첫 대면에서 아주 깊은 인상을 남겼다. 결국 나는 그곳의 단골이 되었다. 나는 몸이 피곤하거나 몸에 좋은 음식이 당길 때마다 그 지배인이 만들어준 이미지 때문인지 다른 보양식품을 제쳐 두고 제일 먼저 달려간다. 그는 기업체에서 닦은 비즈니스 마인드 때문인지 고객의 필요를 인지하고 전략적으로 말할 줄 아는 탁월한 비즈니스맨이 틀림없다.

비즈니스 화법에서 가장 곤란할 때는 상대가 지나치게 권위적이거나 무뚝뚝한 사람인 경우이다. 말에 사족 다는 것을 싫어하고 하고 싶은 말만 짧게 말하고는 입을 굳게 닫아버리는 유형의 사람이다.

내가 아는 분 중에도 그런 스타일의 사장이 있다. 전체 사원들이 고개를 절레절레 저을 정도로 사적인 대화를 일체 하지 않는 것으로 유명한 분이다. 다들 워낙 말수가 적은 분이라고 이해할 뿐이다. 그러던 어느 날, 비서실에 새로 온 직원이 사장에게 넥타이가 멋있다는 말을 했다. 사실 사장은 유통업을 하는 사람이었지만 패션에 관심이 무척 많았다. 넥타이에 대한 이야기로 말의 물꼬가 터지자 두 사람은 3시간 가까이 셔츠와 구두에 대한 이야기에서 세계 패션의 흐름에 대한 이야기까지 화제를 넓혀 갔다. 그 이전까지는 이 사장에게 아무도 넥타이나 구두에 대한 말을 꺼내주지 않았다고 한다. 냉정하고 과묵하게만 보이는 사장에게 그런 일상적인 인사를 할 엄두를 내지 못했던 것이다.

상대방의 건강을 걱정해주고, 취향에 관심을 갖는 스몰토크가 결국 큰마음을 열 수 있는 열쇠가 된다.

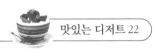

맛있는 디저트 22

스몰토크는 대화의 시작을 여는 중요한 키워드이다. 하지만 너무 과장되거나 장황한 말은 더 이상 스몰토크가 될 수 없다. 스몰토크는 말 그대로 작고 가벼운 말일 때 효과가 크다.

성공을 만드는 또 하나의 기술

내 전공은 그 사업계획서

애드리브는 출연자가 대본에 없는 대사를 즉흥적으로 하는 것을 말한다. 배우가 공연 도중에 대사를 잊어버렸거나 갑작스런 사고가 발생하여 극의 흐름이 끊길 위기가 찾아왔을 때 이 애드리브로 모면하는 경우가 많다. 한 순간 빛을 발하는 이 애드리브는 사업의 성패를 좌지우지하기도 한다.

현대그룹의 고(故) 정주영 회장은 초창기에 조선소 설비자금을 마련하기 위해 영국 버클레이 은행의 부총재와 면담을 했다. 부총재는 정주영 회장에게 건넨 첫마디가 "전공이 무엇입니까?"였다.

정 회장은 속으로 '소학교에 전공이 어디 있어?' 라고 생각만 했을 뿐 아무런 대답도 하지 않았다. 부총재는 재차 질문해왔다. "경영학입니까?"

정 회장은 그 질문에 대답하지 않고 "제 사업계획서는 읽어보셨습니까?"라고 반문했다. 읽어 보았다는 말을 듣고 정 회장은 밝게 웃으며 "내 전공은 바로 그 사업계획서요"라고 대답했다. 그의 재치 있는 이 대답 덕분에 딱딱하게 굳어 있던 분위기가 일순간 화기애애해졌다. 부총재는 "당신은 유머가 전공인 사람 같군요"라고 말하며 자금을 제공했다고 한다. 그 자금이 현대그룹의 기틀을 마련했다고 하니 결과적으로 그때 정 회장의 애드리브가 지금 현대그룹의 기틀을 마련했다고 해도 과언이 아니다.

단 한 줄의 문장이 한 기업을 일으킬 만큼 어마어마한 가치를 지니고 있었던 것이다. 정 회장의 순간적 애드리브는 진심으로 성공하고 싶은 의지와 열정이 있었기에 가능한 일이었다.

맛있는 디저트 23

누군가와 대화를 할 때 애드리브를 잊지 말자. 특히 위기의 상황에 적절하게 터지는 애드리브는 내가 센스 있는 사람처럼 보이게 하는 효과가 있다.

면접에는 정답이 없다

┃ 오답이 없는 정답

물에 어머니와 애인이 빠졌을 때 누구를 구하겠습니까?

왜 우리들의 옷이 전부 검은색이라고 생각합니까?

노래방에서 지칠 때까지 놀아본 최장시간이 몇 시간이죠?

지금 당장 부를 수 있는 노래는 몇 곡입니까?

화장실에 휴지가 없다면 어떻게 하겠습니까?

최근 치러진 입사시험 면접장에서 실제로 지원자에게 던져진 질문이다. 물론 이 질문에는 답이 없다. 지원자들의 말하는 답변이 전부 정답이 되는 셈이다. 그 답변이 얼마나 재치 있고 순발력이 있는가를 보는 것이 이 면접의 포인트였다.

예전에는 면접이 회사지원 동기, 포부 등을 밝히는 자리이거나 서류전형에서 보여주기 힘든 회화 실력, 끼를 드러내는 자리였다. 그러다가 시간이 지나면서 번뜩이는 아이디어와 창의성을 가진 인재를 필요로 하는 기업들을 중심으로 특이한 면접방식이 유행처럼 번져가기 시작했다.

이제 대기업에서도 면접을 독특하게 진행하여 기업의 색깔에 맞는 인재를 선별하고 있다.

면접에서 상황을 제시하고 답변을 유도하는 방식은 정답을 단답형으로 말하라는 취지가 아니다. 오히려 그 상황에 대처하는 지원자들의 답변이 다양하게 나오기를 기대하는 것이다. 정답이란 것이 애초에 없기 때문에 오답도 없다.

왜 그런 답변을 했는지의 이유가 더 중요하다. 정답에 가까운 대답은 존재하지만, 지원자들이 상상력을 동원하도록 유도하는 질문도 있다. 그렇다고 아주 엉뚱한 답변으로 실소를 자아내는 것은 곤란하다. 그 이유가 논리적이고 설득력이 있어야만 좋은 답변이 된다. 다음 페이지의 질문들은 면접에서 실제 사용되었고 신문에도 소개되었던 내용이다.

1. 맨홀 뚜껑은 왜 모두 원형일까? (P사)

2. 한라산과 백두산을 다른 곳으로 그대로 옮기는 비용은 얼마나 들까? (S그룹)

3. 아버지와 아들이 차를 타고 가다가 교통사고가 나서 아버지는 즉사하고, 아들은 중상을 입어 병원으로 실려갔다. 그런데 응급실에서 담당의사가 아들을 보고 소리쳤다. "아니, 이 아이는 내 아들이잖아!" 이 경우 의사와 아들의 관계는 무엇인가? (T제약)

1번 질문에는 사실 답이 있다고 한다. 원형의 맨홀 뚜껑은 중심을 지나는 어느 방향으로 길이를 재도 그 길이가 똑같다. 세워서 빠뜨리려고 해도 잘 빠지지 않는다. 날씨가 춥거나 더워서 수축과 팽창을 하더라도 골고루 변하기 때문에 아무 문제가 없게 된다.

2번 질문에 대해서는 구체적인 비용을 얘기하는 것보다 비용을 구하는 과정을 논리적으로 말하는 것이 좋다.

마지막 3번 문제는 난센스 퀴즈이다. '의사는 남자'라고 생각하는 우리의 고정관념을 깨는 질문이다. 정답은 '의사=어머니'이다.

날로 면접이 까다로워지고 취업의 문은 좁아지고 있다. 위와 같이 특이한 질문이 아니더라도, '누구를 떨어뜨릴까' 고민하는 면접관의 의도가 담겨 있는 까다로운 질문들이 즐비하다.

"열심히 배우는 자세로 임하겠습니다"라는 빤한 대답은 자신감이 없어 보인다. 면접 시에는 조금 더 자신감이 있는 목소리로 경력과 장점에 관해 간단명료하게 이야기하는 것이 좋다. 취업의 문이 좁다면 내 마음의 문을 활짝 여는 것이다.

어떤 질문이라도 열린 마음으로 보면 나만의 정답이 나오게 되어 있다.

맛있는 디저트 24

마음의 빗장을 꽁꽁 걸어 잠그고 고지식한 틀 안에 갇힌 사람은 이 시대가 원하는 멀티 플레이어가 될 수 없다. 아무리 풀리지 않을 것 같은 상황이라도 유연하게 대처하는 테크닉이 필요하다.

지적이고 우아한 느낌은 아름답다

▌얼굴뿐만 아니라 마음에도 교양의 옷을 입자

여자에게 눈총을 받는 여자가 '남자 앞에서 180도 변신하는 내숭녀'라면, 남자들이 질색하는 여자는 '너무 털털하다 못해 남자 같은 여자'다. 명랑하고 씩씩한 정도의 터프함은 그런대로 좋다. 긍정적이고 활기차 보이니까.

그런데 간혹 털털함이 너무 과해서 터프한 컨셉트를 따르면서 치마라면 질색을 하거나 깔끔한 옷보다 좀 지저분하고 껄렁하게 입는 것을 멋으로 알거나 머리 손질을 전혀 않거나 화장기 없는 얼굴을

30대 중반까지 고수하는 여자들은 남자들이 부담스러워 한다.

독신으로 사는 여성이 늘어가면서 이런 현상은 더욱 두드러지는 것 같은데, 나이를 먹어도 아름다운 여자는 겉모습이 튀는 스타일이 아니라 온화하고 우아한 성품을 갖고 있는 여자다. 그렇다고 화려하게 치장한 럭셔리걸이 우아하다고 착각해서는 안 된다.

여기서 우아하다는 건 차림새와는 별개의 문제로 마음이 넉넉하고 성품이 여유롭다는 의미다. 미혼여성이든 기혼여성이든 옷차림이나 외모는 직업이나 지위에 맞게 어느 정도 격식을 차려 입는 정도면 된다. 옷이나 장신구에 관심이 많은 사람이라면 그러한 것으로 조금 더 개성을 어필하는 방법도 나쁘지 않다.

나이가 들수록 '여성스러운' 여자가 남성의 호감을 자극한다.

드라마나 영화에서 10~20년 전에 청춘스타로 인기를 끌었던 배우가 이제는 중년의 여인으로 등장하는 경우가 많다. 그런데 어떤 배우는 고운 자태로 예전의 미모가 한층 더 성숙해졌다는 느낌이 드는가 하면, 어떤 배우는 나이가 들면서 얼굴이 이상하게 변하기도 한다. 나이를 먹어도 우아하고 아름다운 태가 나는 여배우는 젊은 시절과는 또 다른 원숙미를 뿜낸다. 젊은 시절에는 그저 예쁘기만 한 배우에서, 이제는 넉넉한 아량과 여유가 묻어나고 거기다 훨씬 더 여성미가 물씬 풍기는 '여인'으로 거듭난 모습이다.

나이가 들수록 교양이 있어야 한다. 그러나 가식이나 위선을 교양으로 생각하면 곤란하다. 나이가 들수록 나이에 맞는 처신을 하고, 사회적인 지위에 맞는 책임을 질 줄 아는 것이 바로 '교양'이다.

여자는 어느 순간, "내가 나이가 들었나"라고 중얼거리게 되는 때가 반드시 찾아온다. 화장대에 안티에이징 관련 제품이 늘어나고 주름에 좋다는 화장품이나 치료법 같은 것에 관심이 간다면 이미 '나이'라는 불청객은 찾아온 셈이다. 생물학적 나이는 거부할 수 없는 순리다. 그 순리를 거스르려고 피부노화를 막거나 젊어 보이는 옷차림을 하는 것도 좋지만, 무엇보다 중요한 건 마음에 교양이라는 옷을 입는 것이다.

나이가 들었어도 교양이 있는 사람은 청초한 꽃잎처럼 기품과 향기가 느껴진다. 말로 표현할 수 없는 분위기와 고유의 느낌을 그대로 간직하고 있어서 우아하며 다른 사람이 스스럼없이 다가가도 좋을 만큼 넉넉한 미소를 머금고 있는 사람이 참으로 아름답다.

와인처럼 오래토록 인생의 맛이 숙성된 여자는 남자는 물론 다른 여자에게도 언제 어디서나 환영받는다.

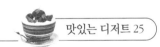
맛있는 디저트 25

지적이고 우아한 이미지를 갖는 것이 중요하다. 그 이미지가 대화에도 긍정적인 영향을 줄 것이다. 그러니 얼굴에 공을 들이는 것만큼 마음에도 교양의 옷을 입혀보자.

건조하면 쉽게 마른다

▎젤리처럼 말랑말랑하게

당신의 말은 바람인가 아니면 햇살인가?

바람이 불면 머리칼이 날리고 몸은 움츠러든다. 자꾸 무언가의 뒤로 숨고 싶어진다. 반대로 햇살이 비쳐지면 자꾸만 다가가게 만든다. 옷을 벗어서 햇살을 맞이하고 싶게 한다. 나그네의 옷을 벗긴 것은 거센 바람이 아니라 따뜻한 햇살이라는 이야기처럼.

남자들도 여성스러움을 좇고 '부드러움'이 각광받는 시대가 되었다. 광고나 드라마에서 이준기나 다니엘 헤니 같은 메트로섹슈얼족

이 뜨는 이유도 같은 맥락이다.

사회생활에서도 따뜻한 리더십은 남녀노소를 불문하고 유연하게 조직을 이끌 수 있는 힘이 된다. 이 부드러움의 코드는 여성에게 훨씬 유리하다. 의도적으로 연출하지 않아도 여성은 이미 부드러움의 유전자를 가슴속에 품고 있기 때문이다.

자신이 너무 도도하고 이기적인 평가를 받고 있지 않은지 주변 이야기에 귀를 기울여 보자. 입장을 바꿔서 내 말 하나하나가 주변 사람들에게 어떻게 전달되는지 떠올려보는 것도 좋다. 말에 힘을 빼기 위해서는 내 어깨와 목, 가슴에 배어 있는 뻣뻣한 기운을 먼저 풀어 줘야 한다.

젤리를 떠올려보자. 젤리는 느낌이 말랑말랑하고 매우 부드럽다. 게다가 달콤하기까지 하다. 남녀 사이의 대화를 촉촉하게 만들기 위해서는 두 사람의 화제가 이 젤리 같아야 한다.

대화의 첫 시작은 그때그때 분위기에 맞춰 시작하는 것이 좋다. 상대방의 옷차림이나 날씨, 장소 등에 관한 사소한 이야기에서 시작하는 거다. 상대방의 이야기에서 힌트를 얻어도 좋다. 적당한 타이밍에 답을 해주면서 고개를 끄덕여주고, 내 의견을 이야기해주면 된다. 말랑말랑하고 부드럽게 다가가주는 것이다.

갑자기 엉뚱하게 다른 화제로 돌리거나 심각한 쪽으로 빠지는 건 최악이다. 만약 미리 예정된 만남이었다면 사전에 적당한 이야기를 준비해가는 것도 나쁘지 않다. 너무 의도적이라고 생각할지도 모르겠으나, 상대방에 대해 최소한의 정보를 파악하는 것은 서로에 대한 예의라고 생각한다.

누군가와 처음으로 대화할 때 동성보다는 이성 간에 어색한 순간이 좀 더 빈번하게 찾아오는데, 그 중 가장 어색한 순간은 몇 초간의 침묵이다. 하지만 그 침묵이 어색해서 황급하게 화제를 찾는 모습을 보이면 분위기가 더욱 어색해진다. 살짝 미소를 지으면서 새로운 화제를 여유롭게 건네는 편이 좋다.

부드러운 사람들의 공통점은 상대방의 입장에서 말할 줄 안다는 것이다. 서로에게 관심이 있는 화제나 도움이 될 만한 이야기를 주로 꺼낸다. 그냥 지나가는 말이 아니라 함께 공유하면 좋을 이야기들로 대화를 채울 줄 안다. 여기에서 부드러움을 더 큰 호감으로 이끌어주는 것이 지성미다.

남자들의 이상형을 설문조사하면 상위권에 나오는 직업 중 하나가 아나운서이다. 부드러운 인상과 지성미가 상징인 아나운서를 남자들이 좋아하는 것을 보면 여자의 부드러운 인상과 지성미가 아직도 남자들에게 잘 통한다는 것이다.

지성미는 단순히 공부를 잘한다거나 머리가 좋다는 것과 별개의 문제다. '지혜로운 아름다움' 쪽에 가깝다. 행동이나 차림에 센스가 있고 문제를 해결하는 모습이 굉장히 침착하고 현명하다는 인상을 주는 사람에게서 지성미가 풍긴다.

지성미를 갖기 위해서는 시사상식은 기본이고, 사소한 것을 엄마

나 누나처럼 진심으로 챙겨주는 모습도 지적으로 보인다. 많은 분야의 지식을 두루 알고 있는 사람도 지적으로 보이지만, 관심이 있는 특정한 분야에 대해 탁월한 식견을 갖고 있는 여자라면 이성에게 굉장한 호감을 불러일으킬 수 있다.

여러 가지 분야 중 특별히 관심이 가는 것이 있다면 조금 깊이 파고들어 보자. 어느 한 분야에 애착을 갖고 지식을 쌓은 사람은 그 분야의 화제가 나왔을 때 누구보다 빛나 보일 수 있으니까.

촉촉한 눈으로 깊게 응시하고 들여다보자

남자들은 처음에는 팅기고 뻣뻣한 자세를 취하는 이성에 매력을 느낄 수도 있지만, 시간이 지날수록 저절로 지쳐 떨어지고 만다. 가시처럼 박히는 여성보다 부드럽게 감싸는 여성에게 끌리게 마련이다.

남자들에게 매력적으로 다가오는 여자는 여자 특유의 촉촉함을 갖고 있는 사람이다. 엷게 미소 짓고 물기 머금은 눈빛으로 그윽하게 바라보는 여자에게 호감이 가는 건 당연하다.

남자들은 쉽게 '여성성'이라는 원초적인 마법에 빠져 버릴 수 있다는 사실을 기억하자. 여자도 '남자다운' 남자에게 호감을 느끼듯 남자 역시 '여자다운' 여자를 그리워한다. 거의 본능적으로.

영화배우 수애 씨는 착하고 단아한 한국적 미를 가진 배우이다.

그녀는 말투나 목소리도 매우 수줍고 조심스럽다. 마치 일상 속에서 시를 낭송하는 것 같다고나 할까? 상대방을 깊고 그윽한 눈빛으로 응시하는 듯한 모습은 뭇 남성의 가슴을 설레게 만들기에 충분하다. 그래서인지 그녀의 눈빛이나 말에는 진심이 깃들어 보인다. 그녀가 커피 CF 모델이 된 건 우연이 아닐 것이다. 그녀의 눈은 항상 소량의 눈물을 머금은 것처럼 촉촉하게 빛난다. 슬프다기보다 간절하고 부드러운 느낌이 나는 눈빛이다. 말을 많이 하는 편은 아니지만 까칠하다거나 낯을 가린다는 인상보다 부드러운 여자라는 인상을 더 많이 풍긴다. 말을 하지 않는 동안에도 상대방을 향해 눈빛을 통한 비언어적 커뮤니케이션으로 부드럽게 대화하기 때문이다. 그녀는 단숨에 끌리는 스타일은 아니지만, 보면 볼수록 곁에 두고 싶어지는 이미지이다.

이성간에 서로 눈빛을 교환하는 대화는 단 시간에 신뢰를 쌓을 수 있게 해준다. 연설에서는 적어도 한 사람을 2분씩 지속적으로 응시하라고 말한다. 청중이 나에게 집중하게 만들기 위해서는 사람들의 눈을 붙잡아 놓아야 한다는 것이다.

연인에게 "사랑한다"는 고백을 할 때도 마찬가지. 사랑하는 사람들의 눈에서는 핑크빛의 하트가 아른거리지 않는가. 눈으로 말하는 사랑은 입밖으로 꺼내 흩어지는 말의 울림보다 더 진실하게 느껴진다.

남자들은 종달새처럼 말이 많은 여자를 귀엽게 여긴다고 하지만 그것이 일상이 되면 상당히 고달파 한다. 달콤한 노랫소리를 점점

시끄러운 소음처럼 느끼게 된다. 이건 여자도 마찬가지다. 말 많은 남자를 좋아하는 여자는 거의 없다.

마음에 드는 이성이 있다거나 현재 사랑하는 사람이 있다면 남자, 여자 모두 종달새처럼 시끄럽게 상대방의 귀를 귀찮게 하지 말고 눈빛으로 대화를 시도해보자. 특히 호소할 일이 있을 때는 본격적으로 눈물을 흘리며 우는 것보다는 눈물이 그렁그렁 맺힌 눈으로 상대방을 응시하는 것이 훨씬 더 효과적이다.

'머리'로만 대화하면 상대방의 생각은 움직일 수 있지만, '마음'을 열 수는 없다. 내가 먼저 진심의 눈빛을 건네고 가슴에서 우러나오는 촉촉함을 그 눈빛에 담아 보낼 때, 이성의 마음도 열리게 된다.

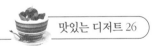

맛있는 디저트 26

말이 생동감 있고 말랑말랑한 사람은 말을 잘하는 사람보다 더 두드러지는 경우가 많다. 많은 것을 알고 있는 사람보다 많은 이야기를 들어 줄 수 있는 사람 곁에 이성이 모인다.
촉촉한 눈빛으로 상대방의 이야기에 귀 기울이고 말랑말랑한 이야기를 대화의 소재로 삼아보자.

향기

말에 향기를 담아라

▎인생의 향기로 나만의 꽃을 피우자

한국의 어머니상이라 하면 떠오르는 배우가 있다. 바로 탤런트 김혜자 씨이다. 그런데 나는 그녀가 가진 매력은 그것 이상의 무언가가 더 있다고 생각한다. 실제로 만나 본 그녀는 생각보다 여성의 향기가 훨씬 더 충만했다. 사려 깊은 말투, 무언가를 갈구하는 것 같은 표정, 여운을 남기는 몸가짐, 물기를 머금은 눈동자 등 평소 텔레비전 화면으로 봤던 것보다 더 매력적으로 다가왔다.

우리 주변에도 뛰어난 외모나 몸매를 갖지 않았는데도 유난히 남

228

자들에게 인기가 많은 여자가 있다. 그런 여성에게서는 향수보다는 은은하고, 비누 향보다는 오래가는 아주 묘한 향기가 난다. 뭐라고 딱 정의 내릴 수 없지만 볼수록 끌리는 무언가가 있다. 내 생각에 그 향기는 인생관이나 가치관과 무관하지 않다고 본다. 비슷한 생각을 공유하거나 동경하는 사람들은 그 향기를 맡게 된다.

김혜자 씨는 굉장한 독서광이다. 때로 책을 가지고 일주일 동안 칩거할 정도이다. 오드리 햅번이 그랬듯 아프리카나 제3세계 빈민 구호 활동에 누구보다 앞장서고 있고 그러한 경험을 바탕으로 《꽃으로도 때리지 말라》를 썼다. 그녀가 풍기는 내면적인 향기는 바로 이런 인생관에서 비롯되는 것 같다.

나이를 먹을수록 인생은 다 거기서 거기라는 생각을 할 때가 있다. 사람들 대부분은 학교에 가고 일을 하고 결혼을 하고 아이를 낳고 늙는다. 성공을 하든 실패를 하든 삶의 제한된 시간은 모두에게 공평하다.

그렇게 다 엇비슷한 세상살이에도 누구는 향기로운 꽃을 피우고 누구는 그냥 벌판의 잡초처럼 살다가기도 한다. 죽어서까지 향기가 나는 꽃이 되어 그 이름이 널리 불리기도 하며 잊혀지지 않는 향기로 기억되는 사람들이 있다.

매일 똑같은 향기가 나는 사람과 볼 때마다 색다른 향기가 나는 사람 중에 더 매력적인 사람은 후자이다. 볼 때마다 똑같은 사람이 아니라 나름대로 자기 향기를 갖고 하루하루를 업그레이드하는 사람이 다른 사람들에게 어필할 것이다.

그렇게 되기 위해서는 인생의 향기를 담은 말을 하려고 노력하는 것이 좋다. 인생의 향기를 담은 말은 남을 먼저 배려하고 생각하면서 세상을 따뜻하게 감싸려는 노력이 쌓이다 보면 저절로 생기게 된다.

아무리 힘들더라도 긍정적으로 바라보고 좀 못났다고 기가 죽어 있거나 좀 잘났다고 우쭐하는 마음를 멀리하는 등의 행동을 통해 세상과 대화를 하는 자세가 정말 중요하다고 생각한다.

맛있는 디저트 27

어떤 자리에 가도 어떤 말을 해도 다른 사람의 대화에 묻히는 사람이 있다. 그런 사람의 말에는 향기가 없다. 사람들의 시선을 끄는 말은 갑자기 튀거나 톡 쏘는 말이 아니라 은근하게 풍기게 되어 사람들이 먼저 뒤돌아보게 만드는 향기로운 말이다.

POWER INTERVIEW

진대제 전 정통부 장관의 분석 화법

　우리나라에서 말 잘하는 사람을 꼽으라면 꼭 거론되는 사람이 지금은 벤처 투자가로 변신한 진대제 전 정통부 장관이다. 삼성전자 사장 시절에는 세계 시장에 우뚝 선 삼성신화를 만들어낸 주역이기도 하다. 그는 단 30초 안에 상대방을 설득시키는 협상과 대화의 달인이다.

　그가 대화를 할 때 기본으로 삼는 것이 '333의 원칙' 이다. 30초의 짧은 시간 동안 자신의 의견을 전달한다. 30초 안에 전달하면 성공이고 그렇지 않으면 실패라고 한다. 상대방이 관심을 보이면 3분 안에 다시 부연설명을 한다. 그리고 상대방이 그 3분에 대해 집중한다면 상대방에게 30분이라는 시간을 제공받는다.

　보고를 받을 때도 역시 333의 원칙은 적용된다. 부하직원이 들어와 30초 동안 내용을 정확하게 보고하지 못하면 기회는 그것으로 끝이다. 만약 30초의 이야기가 설득력 있게 다가오면 부하직원에게 다시 3분의 시간을 준다. 진지하게 생각해볼 가치가 있다고 판단되면 그제야 30분의 시간을 갖고 진지하게 이야기해보자고 말한다.

진 전 장관의 '초스피드' 설득력은 평소의 철저한 준비에서 출발한다. 그는 준비된 말만 한다. 쓸데없는 사족을 달지도 미사여구로 꾸미지도 않는다. 진심으로 상대방이 필요한 부분을 이야기해주면 설득이 될 수밖에 없다는 논리다. 이 때문에 상대방에 대해 평소에 철저히 분석하고 몇 가지 핵심 내용을 준비해두는 노력은 필수다!

장관 시절에는 대통령에게 보고를 할 때도 수첩에 메모를 하고 30초 안에 그 내용의 핵심만을 이야기한다. 나중에 따로 보고하러 오라는 이야기를 듣게 되면 성공이다. 그렇지 못한 장관들이 더 많은 상황을 보면 그가 참여정부 최장수 장관이 된 이유가 짐작이 간다.

그는 협상에서 가장 중요한 것은 "어떻게 설득시키느냐가 아니라 무엇으로 설득시키느냐"라고 말한다. '어떻게' 라는 것은 말의 테크닉을 뜻하지만 기본적인 문제를 해결하지 않고서는 성공할 수 없다는 것이다. 상대방이 필요로 하는 것과 내가 관철해야 하는 부분을 분명하게 알고 명분과 실리를 주고받는 화법은 앞으로도 계속 사용할 것이라고 한다.

그가 정통부 장관으로 있으면서 부딪혔던 국가의 크고 작은 문제들도 사실 상대방이 필요로 하는 것을 충족시켜주는 화법으로 해결된 사례가 많다.

2001년 한국의 이동통신 업체들은 회사마다 각기 다른 방식으로 무선 인터넷 플랫폼을 만들어 사용했다. 그에 따른 컨텐츠 개발과 전송 비용의 낭비를 해소하기 위해 무선인터넷 통일화 작업인 '위피(Wireless Internet Platform for Interoperability, 한국에서 사용하는 무선 인터넷 플랫폼의 표준 규격)'를 실시하게 되었다. 그런데 이 국책사업이 미국 정부의 극심한 반대에 부딪혔다. 위피가 성사될 경우 국내 시장에서 입지가 좁아 질 것을 우려한 미국 기업 퀄컴이 자국 정부에 로비를 했기 때문이었다.

3년 정도 마찰을 빚었던 이 난제를 명쾌하게 풀어낸 진 전 장관의 비결은 무엇이었을까? 진 전 장관은 미국 정부와 퀄컴이 원하는 것을 모두 수용하면서 위피를 성사시킬 방법을 고심했다. 미국 측에서 보낸 여러 특사의 설득을 물리친 진 전 장관이 꺼내 든 마지막 히든 카드는 다음과 같았다.

"한국에서 만약 위피가 실현되지 않으면 소비자의 불편이 계속될 것이고 통신업체 1위인 S사의 독과점이 지속될 것이며 중소기업 컨텐츠도 살아날 수 없을 것이다. 위피는 큰 제도적 틀일 뿐, 그 안에서 퀄컴이 기술적인 사업을 하는 것은 동일하게 진행할 수 있도록 해주겠다."

WTO에서도 국가의 정책적인 문제가 이유라면 인정해주는 분위기이기 때문에 한국 정부에서 고민했다는 느낌도 주면서 미국의 실리를 찾는 방법까지 해결해준 것이다. 결국 미국을 설득시켰고 위피는 실현됐다.

그는 상대방이 듣고 싶은 말을 한다. 무조건 하라고 강요하는 것이 아니라, 상대방의 입장이 되어 생각하고 말한다. 그렇게 하면 누구와 대화를 해도 설득이 된다는 것이다.

그리고 대화에서 '재미' 요소를 빼놓지 않는다. 대학생들에게 강연을 위해 직접 만든 프레젠테이션 자료는 공학도답게 첨단의 메시지로 넘쳐난다. 동영상이 튀어나오고 게임으로 직접 연결되는 다이내믹한 화면은 보는 사람을 몰입하게 만든다.

그는 쓸데없이 사족을 다는 대신 직접 시연하고, 관심을 갖지 않을 수 없도록 상대방을 대화로 잡아끈다. 그 비결은 상대방이 무엇을 원하는지 알고, '바로 그 말'을 해주기 때문이다.

진실한 교감을 위해

사람만 대화를 하는 것이 아니다. 꿀벌도 대화를 한다. 어떤 꽃에 꿀이 많고 어느 방향으로 날아가야 꿀이 풍부한 꽃 군락이 나오는지 등. 만약 한 정찰벌이 꿀이 풍부한 곳을 발견하고 벌통으로 돌아왔다면 잠시 후, 그 벌통에 있던 다른 벌들이 일제히 그곳으로 이동하기 시작한다. 꿀벌들 사이에 대화가 이루어진 것이다.

꿀벌들은 춤으로 대화를 한다. 먹이가 10미터 이내에 있으면 빙글빙글 도는 춤을 추고, 100미터 이상 떨어져 있으면 팔자 춤을 춘다. 이때 춤의 강도나 춤 출 때 나는 향기, 날갯짓 등으로 다른 꿀벌들이 정찰벌의 정보를 해석해낸다.

꿀벌들의 대화는 그리 특별하지 않다. 그냥 사실을 그대로 말하고 받아들인다. 빙글빙글 돌아 춤을 추는 건 오직 먹이의 위치가 어디

인지 그 사실만을 알려 줄 뿐이다. 다른 의도도 없고 쓸데없는 사족도 없다. 그들은 달콤한 꿀을 향해 같이 날아가고 그 맛을 교감하며 행복감에 젖는다.

우리는 하루에 몇 시간이나 대화를 하고 있을까? 그리고 그 중에 얼마나 내 진심을 담은 대화를 하고 있을까?

하루를 마감한 시간에 한번 곰곰이 따져보기를 바란다. 오늘은 누구와 어떤 이야기를 했고, 내가 한 말 중 몇 퍼센트 정도가 진실이었고 몇 퍼센트는 거짓이었는지. 대화를 나누다 보면, 나에 대해 부풀리기도 하고 상대방을 폄훼하기도 하고 없는 일을 만들기도 한다. 반대로 당신이 오늘 누군가로부터 들은 이야기는 100퍼센트 모두 진실일까?

사람과 만나 이야기를 나눈다는 건 만남 이상의 또 다른 무언가, 즉 상대방의 생각과 나의 생각을 교감하고 내가 취할 수 있는 좋은 이야기들은 받아들이는 기회가 된다. 이 좋은 기회를 단순히 서로 자존심 대결로 낭비하는 것은 바보 같은 짓이다.

내가 먼저 마음을 열고 진심으로 다가가면 대화에서 성공하는 길이 열린다. 화려한 테크닉도 말발도 화술도 필요 없다. 진심으로 이야기하고 진심으로 대하면 어떤 사람의 마음도 열 수 있다.

꿀벌들의 대화처럼 상대방이 원하는 것을 이야기해주고, 서로의 관심사에 대해 교감하는 것이 진정한 대화일 것이다.

결론적으로 자신의 이야기만 늘어놓지 말고, 상대방이 듣고 싶어

하는 관심사를 지루하지 않게 진심을 담아 얘기하는 것이 내가 생각
하는 최고의 대화법이다.

이숙영의 맛있는 대화법

초판 1쇄 발행 | 2007년 1월 17일
초판 10쇄 발행 | 2010년 8월 1일

지은이 | 이숙영
펴낸이 | 이종록
기 획 | 박희란
편 집 | 조민호, 전용준
디자인 | 박아영
마케팅 | 최승호, 김명수
경영지원 | 이지혜

펴낸곳 | 스마트비즈니스
출판등록 | 2005년 6월 18일(제313-2005-00129호)
주소 | 121-250 서울시 마포구 성산동 293-1 2층
전화 | 02)336-1254
팩스 | 02)336-1257
전자우편 | smartbiz@sbpub.net

ISBN 978-89-92124-13-3 03320